根据《幼儿园教育指导纲要（试行）》《托儿所、幼儿园卫生保健工作管理办法》编写

幼儿园健康管理实用手册

刘海燕　主编

中国农业出版社

北　京

图书在版编目（CIP）数据

幼儿园健康管理实用手册 / 刘海燕主编 . —北京：
中国农业出版社，2021.7
ISBN 978-7-109-28580-4

Ⅰ. ①幼… Ⅱ. ①刘… Ⅲ. ①幼儿园－管理－手册
Ⅳ. ①G617-62

中国版本图书馆 CIP 数据核字（2021）第 148555 号

幼儿园健康管理实用手册
YOUERYUAN JIANKANG GUANLI SHIYONG SHOUCE

中国农业出版社出版
地址：北京市朝阳区麦子店街 18 号楼
邮编：100125
责任编辑：孙利平
版式设计：杨 婧 责任校对：吴丽婷
印刷：北京中兴印刷有限公司
版次：2021 年 7 月第 1 版
印次：2021 年 7 月北京第 1 次印刷
发行：新华书店北京发行所
开本：700mm×1000mm 1/16
印张：13.5
字数：320 千字
定价：58.00 元

2020年是不寻常的一年。在这一年里，幼儿园面临着前所未有的挑战，也让幼儿园的管理者明白了健康管理的重要性、紧迫性及必要性。《幼儿园教育指导纲要（试行）》（以下简称《纲要》）指出："幼儿健康是人类生命质量得以提高的基础，幼儿园必须把保护幼儿的生命和促进幼儿的健康放在首位。"由此可见，幼儿园健康管理工作是一切日常管理工作的基础，应置于幼儿园管理工作的重要位置。

幼儿园健康管理首先是对幼儿健康的管理，因此，卫生保健和保教的工作就显得尤为重要。3~6岁幼儿受年龄特点和身心发展特点的限制，机体正处于生长、发育的关键期，各器官的生理功能尚不够完善，适应能力差、抵抗力弱。而幼儿园又是以集体生活为主，幼儿相互接触，极易引起疾病的传播。因此，加强幼儿健康教育，全面促进幼儿健康成长，成了健康管理工作的重中之重。

管理离不开制度、离不开规范、更离不开具体的工作流程和指导要求。我园自建园以来，一直坚持贯彻国家的教育方针、政策，始终秉承着"发展幼儿、服务家长、成就教师、保障部队"的办园宗旨，探索科学的人本管理模式，注重保育和教育相结合，坚持卫生保健和教育工作并重的原则，制订严格的管理制度和岗位工作规范、要求，将健康管理落实到位、到人、到岗。

《幼儿园健康管理实用手册》根据《纲要》和《托儿所、幼儿园卫生保健工作管理办法》等文件精神和要求，结合幼儿园健康管理工作的具体内容分为7个篇章。

第一篇概述篇，从幼儿健康的基本概念、幼儿健康管理的意义和价值、主要内容、方法4个方面加以阐述，详细介绍了幼儿的健康理念，幼儿园开展健康管理工作的具体内容、方法及其重要意义，做到有理可依。

第二篇制度篇，详细呈现了20条与健康管理有关的规章、制度，利用规章、制度加强管理，落实管理工作，做到制度先行。

第三篇流程篇，以13个流程图的形式展现了各项预防工作、报告制度、防控工作、监督检查工作等的流程，让幼儿园的管理者、教职工在遇到问题时能按照标准流程快速操作，做出反应，及时、准确地解决问题，做到按流程办事。

第四篇表格篇，分为幼儿情况统计表和园内日常工作情况统计表，收集了22个常用表格，方便幼儿园的管理者用表格进行精准、细致的管理，完成园内日常工作，做到有据可查。

第五篇规范篇，详细介绍了开园的准备工作、幼儿一日生活各环节规范、教职工各岗位工作规范等，做到规范管理。具体包括4个章节的内容：第一章准备工作，从人员准备、物资准备、园所环境准备3个方面做好开园准备工作；第二章幼儿一日常规，从幼儿一日生活的各个环节入手，提出各项规范要求，加强幼儿管理，落实幼儿保健工作；第三章教职工各岗位工作常规要求，对教师、保育员、保健医、食堂工作人员、保安等岗位提出具体的要求，进一步深化健康管理工作，强化定岗、定责，保证各岗位人员完成相关工作；第四章健康安全责任书，依据防疫工作要求，明确幼儿、教职工、家长相关健康安全责任，加强人员管理。

第六篇保教篇，介绍了教师一日保教工作要点及教育、教学活动建议，做到保教为重。具体包括4个章节的内容：第一章教师一日保教工作要点，按照幼儿园一日生活的各个环节明确教师工作重点和要求，方便教师对照执行；第二章幼儿居家保教活动指导，结合新形势下的新问题，加强家园共育，为家长提供具体的指导方法，促进幼儿身心健康发展；第三章教育、教学活动建议，对幼儿园教育、教学活动进行学情分析，提出保教总目标、指导建议和详细的活动方案，通过教学活动加强幼儿健康教育，包括身体健康、心理健康、良好的社会适应性和道德健康教育；第四章幼儿体能发展指标，呈现幼儿体能测试标准，加强幼儿居家体能活动指导。

第七篇预案篇，共收录了9种应急处置预案，包括预防手足口病、水痘、禽流感等幼儿常见传染病及食物中毒、空气重污染等的应急处置预案，为保健医及教职员工在紧急情况下第一时间做出快速处置提供了依据，做到提前预设，及时处置。

本书是我园在健康管理方面多年经验的积累与总结，经过精心、细致地挑选，着重选择了重要的、最基本的、易操作的、切实可行的内容整理成册，突出实用性、科学性、系统性、全面性，方便幼儿园管理者、保健医、教师借鉴，旨在起到抛砖引玉的作用。书中如有疏漏，请同行批评、指正并谅解。本书在编写过程中，得到了北京市海淀区教委和中央军委机关事务管理总局机关各级党委的大力支持，在此表示衷心的感谢！

刘海燕

2020年12月

3

目录

序

第一篇 概 述 篇

第一章 幼儿健康的基本概念

幼儿是每个家庭关注的焦点和希望。幼儿健康是幼儿生长、发育的先决条件，维护和促进幼儿健康发展是社会和家庭的重要责任。为了帮助幼儿拥有健康的体魄、愉快的情绪、和谐的人际关系和良好的社会适应性，养成健康的生活方式和行为习惯，幼儿园从加强幼儿健康管理入手，保教结合，让幼儿健康地成长。

《幼儿园教育指导纲要（试行）》（以下简称《纲要》）中明确指出："幼儿园必须把保护幼儿的生命和促进幼儿的健康放在工作的首位。"在幼儿园五大领域教育中，健康领域也放了首位。可见，健康管理的重要性，同时，健康教育也是幼儿素质教育的重要组成部分。

《3~6岁儿童学习与发展指南》（以下简称《指南》）中指出"发育良好的身体、愉快的情绪、强健的体质、协调的动作、良好的生活习惯和基本生活能力是幼儿身心健康的重要标志，也是其他领域学习与发展的基础"，这说明了健康领域在幼儿学习与发展中的重要地位。

对于幼儿来说，身体和心理的健康发展，是实现幼儿全面、和谐发展的基础。随着生活水平的不断提高，人们更加关注身心健康，特别是要从幼儿时期抓起，为幼儿一生打下坚实的基础。

第二章 幼儿健康管理的意义和价值

幼儿健康教育是指根据幼儿身心发展的年龄特点和需求进行的系统性健

康教育活动，通过有组织、有计划的教育活动，鼓励幼儿形成健康的生活方式、养成良好的生活习惯，在实践中不断促进幼儿身心健康的发展。

现代人类更加注重自身身体素质的提高，幼儿健康发展从一个侧面反映了一个地区、乃至一个国家的发展水平。《纲要》中明确指出："幼儿健康是人类生命质量得以提高的基础；幼儿园必须把保护幼儿的生命和促进幼儿的健康放在工作的首位。"这就对幼儿园的健康管理工作提出了具体要求。

随着人们对幼儿健康教育的重视，每学期涉及健康教育的内容也显得非常重要和必要。幼儿园健康管理工作是幼儿园管理中的重要组成部分。让每个幼儿健康地成长是幼儿园的首要任务。幼儿时期是其幼儿行为习惯养成和个性化发展的重要时期，也是为幼儿未来发展奠定基础的时期。

幼儿园的健康管理工作不同于其他教育阶段的健康管理工作，这是由幼儿年龄特点及身心发展特点所决定的。幼儿园的首要任务是保护幼儿的生命与健康，促进幼儿生长发育，增强幼儿体质，促进幼儿养成健康生活和安全生活的行为习惯和行为模式。幼儿园健康管理工作以预防为主，为幼儿创造良好的生活环境，建立合理的生活制度，加强生活护理，控制传染病的发生，重视幼儿膳食营养和平衡，通过体格锻炼增强幼儿体质，健全幼儿园各项安全措施，防止意外事故的发生。《托儿所、幼儿园卫生保健管理办法》明确规定了托幼机构的法定代表人或者负责人是本机构健康管理工作的第一责任人。

健康管理工作在幼儿园工作中具有特别重要的意义。幼儿园要实现精细化管理，必须通过健康管理工作实施良好的保育与教育活动，促进幼儿健康的成长。作为管理者，更要重视健康管理工作，并结合本园实际情况，不断提高健康管理工作水平，使园所保教质量稳步提高。

健康管理工作涉及面广、工作要求高、难度大，因此，就需要加强保教工作者的管理与培训，加强教师、保育员、保健医的培训和教育。他们既是各项保健工作的组织者与实施者，又是园长管理和指导的对象。幼儿园园长更应该重视健康管理工作，提高健康管理的能力和水平。

第三章　幼儿健康管理的主要内容

健康管理是指对幼儿个体健康进行管理，主要包括疾病预防、身体锻炼、心理健康、健康的检查与评估等方面。幼儿的健康与幼儿园对健康的管理密切相关。一般来说，重视健康管理的幼儿园，卫生保健工作做得都比较好，幼儿体能测查的合格率、优秀率也会相对高一些。

一、疾病预防

幼儿园要贯彻"以预防为主"的卫生保健工作方针，重视并完善预防接种、消毒隔离、体格检查、环境卫生及个人卫生等制度和预案，降低发病率，提高幼儿身体的抵抗力，保护幼儿的生命安全与健康。幼儿年龄在3~6岁之间，年龄普遍偏低，身体的抵抗力弱，属于易感人群。幼儿园生活属于集体生活，幼儿吃饭、睡觉、游戏都会聚在一起。一旦发生传染病，很容易造成暴发和流行。因此，做好疾病预防工作是幼儿园健康管理的重要内容。

1.控制传染源

园所实行封闭式管理，家长接送幼儿不入园，把好晨检第一关，幼儿有异常情况不入园，访客做好健康排查和登记工作，尽早发现病人和可疑患者，控制好传染源，避免传染病的暴发和流行。

2.切断传染途径

按要求做好室内通风换气，定时、定期做好各项消杀工作，提醒幼儿按照七步洗手法及时洗手，防止病从口入。

3.规律生活，加强锻炼

让幼儿按照一日生活环节有规律地生活和学习，保证幼儿的活动量，按要求每天上、下午各进行一小时的户外活动，提高幼儿机体的抵抗力。

4.预防接种，提高免疫力

提醒家长及时带领幼儿进行预防接种，以提高幼儿对疾病的免疫力。

5.加强健康宣传教育

通过微信群、宣传栏、家长课堂等多种方式对幼儿家长进行健康宣传教育，让家长了解疾病预防常识。

二、身体锻炼

幼儿正处于生长、发育阶段，科学、合理地进行身体锻炼是必不可少的。幼儿的体格锻炼要遵循循序渐进的原则，要有步骤、有计划地进行，注意掌握活动量和运动强度，锻炼的时间要由少到多，逐渐延长，要注重采取多样化的运动方式，激发幼儿主动参与，提高锻炼的质量和效果，达到强身健体的目的。

三、心理健康

"健康不仅是没有疾病和虚弱，而且是一种身体、心理和社会适应的健全状态。""除了身体健康、心理健康和良好的社会适应性外，还要加上道德健康，只有这四个方面的健康才算是完全的健康。"以上都是联合国世界卫生组织提出的有关健康的定义。这一定义指导人们把健康概念放在了一个更高的认识水平上。教师应重点了解幼儿心理特点，找出影响幼儿心理健康的因素，积极开展心理健康教育活动，引导幼儿认知自己和他人的情绪，学会管理和调节自己的情绪，保持积极、乐观的心态。

幼儿入园后的表现大多不一样。大多数幼儿开始和其他幼儿接触，主动与同伴玩耍；少数幼儿远远地站在其他幼儿的后面，看着别人玩，自己不参与游戏；极个别幼儿哭闹不已，霸道专横。这些表现都涉及了幼儿心理问题，需要教师耐心、正确地引导，通过细致地观察与了解，努力与幼儿建立亲密关系，并用亲切的态度、温和的语言、温暖的爱抚打动幼儿，教师的关心、体贴会使孩子们心理上感到安全，情感上得到满足，从而减轻新生入园的"分离焦虑"。

教师与幼儿的关系是学前龄儿童重要的人际关系之一，也是精神环境创设的重要组成部分。建立相互信任、相互尊重、相互平等的师幼关系，能使幼儿感到安全、温暖、宽松、愉快，有利于幼儿生活、学习和成长，还能使教育发挥最大的功效，促进幼儿全面发展。为了保证幼儿的心理健康，幼儿园应该有针对性地做出相应的计划，制订相关的制度，使幼儿的心理健康工作得以落实。

四、健康检查和评估

健康检查主要是指对在园幼儿进行每年两次的体格检查。体格检查是对幼儿的健康发育状况进行全面的评价，通过对幼儿身高、体重、内科、眼科、口腔科等全面、系统地检查，可以了解幼儿的生长发育和营养状况是否达到正常标准，以便尽早地发现幼儿的疾病和生理上的缺陷，及时告知家长带幼儿去正规医院复查。

一般而言，幼儿入园前要进行一次体格检查，以便教师了解幼儿生长发育及健康状况，判断幼儿是否适合过集体生活。同时，经过检查，也可以防止将传染病带入幼儿园。幼儿入园后要定期进行体格检查。定期检查的目的是：第一，全面了解幼儿生长、发育情况，掌握幼儿的身体发育是否符合年龄标准，智力发展是否正常；第二，发现问题，可以及时矫正。对那些营养不良、易患病的幼儿要进行精心的照顾和管理，并采取相应的防治措施，如建立幼儿专案管理卡片、带班教师配合保健医对相关幼儿进行矫治等；对于智力发育偏低的幼儿，关注其身心健康的发展。另外，要做好晨、午、晚检工作。幼儿晨起来园后，应通过一摸、二看、三问、四查进行健康情况的观察，如发现幼儿身体不适，应及时测量体温，发现可疑传染病者，应立即隔离观察。在做好晨、午、晚检工作的同时，还要随时注意观察幼儿的神态、食欲、睡眠、大小便等。在传染病流行期间，更要及时关注幼儿的健康状况，以便早发现、早隔离、早治疗。

第四章　幼儿健康管理的方法

幼儿园时期是幼儿的第一次集体生活，健康生活对于幼儿的成长和发育具有重要意义。

《纲要》突出强调了幼儿园必须把保护幼儿的生命和促进幼儿的健康发展放在首位，时时刻刻重视幼儿健康，将健康活动融入幼儿园生活的各个环节当中。幼儿健康教育重视健康习惯的培养，幼儿期的健康行为、习惯不仅奠定了未来健康的基础，而且有益于今后生活、学习质量的提高。

一、健康教育

1.健康讲座

每学期由园所聘请幼教专家进行幼儿健康、卫生知识讲座一次。

2.保健培训

每学期由幼儿园保健医对保教人员进行培训，内容涉及卫生保健知识及幼儿常见病的预防、意外伤害的处理等。

3.健康教育宣传栏

门口宣传栏定期制作有关卫生、健康、疾病预防等相关知识的宣传教育内容，采取多种形式宣传幼儿健康知识。

4.健康教育资料

班级内备有关于幼儿健康教育的图书和杂志等，供教师学习和参考，以便教师随时向幼儿传授卫生知识，进行健康教育。

二、健康检查

1.入园体检

为了解幼儿入园时身体状况，防止幼儿将传染病带入园所，幼儿在入园前必须到指定医院进行体格检查，包括身高、体重、视力、内科等项目，检查合格后，方可办理入园。

2.定期体检

幼儿园每年春季、秋季组织在园幼儿各体检一次，并对体检结果进行健康分析与评价，做好幼儿成长记录，及时向家长反馈体检结果，指导家长对幼儿做好健康教育。对体弱儿重点关注、管理，每月测量其身高、体重并分析记录。对视力异常幼儿，督促其家长带领幼儿就医，每三个月复查一次视力，并分析记录。定期对幼儿心理行为发育进行监测，及时掌握不同年龄段幼儿的心理发育状况，尽早发现问题，科学促进其心理健康发展。

3. 晨、午、晚检及全日健康观察

每日做好晨、午、晚检，做到"一摸""二看""三问""四查"，发现问题，及时处理，认真做好幼儿每日观察记录。

三、体格锻炼

1. 户外活动

组织幼儿经常开展适合幼儿特点的体育游戏及活动。正常天气情况下，幼儿每天做操及游戏活动两次，充分利用阳光和空气，保证每天两小时的户外活动时间。

2. 体能训练

通过体能测试了解幼儿走、跑、跳、钻、爬、投掷等基本动作技能发展情况，认真记录并分析。将测试结果及时反馈给家长，针对幼儿弱项加强体能训练。把体能运动融入日常活动中，提高幼儿身体各方面的能力。

四、健康饮食

幼儿园严格按照《食品安全法》等相关法律、法规要求，成立伙食委员会，定期召开会议，监督、检查食物制作的各个环节，保证食品卫生和安全，根据幼儿年龄特点，加强幼儿饮食管理。保健医每月制订花样营养食谱，每季度进行一次营养摄入量计算，保证幼儿每日营养摄入量达标，满足幼儿每日营养需求，努力做到荤素搭配，粗粮细做，保证幼儿每日三餐两点定时、定量供应，每日摄入菜、肉、蛋、奶、水果等多样化食物，膳食营养均衡，摄入量适宜。

为了规范幼儿健康饮食，培养幼儿健康的饮食习惯，建议采取以下几点措施：

1. 家长做好榜样

家庭对幼儿饮食习惯的培养起着至关重要的作用，家长应起到表率作用，引导幼儿养成良好的饮食习惯，如幼儿不偏食、不挑食，不在用餐时看电视、手机、玩耍，不吃或少吃油炸类食品，不吃冷饮，不喝含糖量较高的碳酸类饮料，不吃高热量食品及膨化食品等。

2. 教师指导幼儿

教师应注意观察幼儿的进餐方式，帮助幼儿循序渐进地改掉不良的饮食习惯。

3.培养幼儿自主进餐

幼儿精细动作发展得不好，不能很好地自主进餐，需要加强练习，最终幼儿都能很好地完成自主进餐。

4.饮食卫生

从小培养幼儿餐前洗手，瓜果蔬菜洗净再吃，不捡食掉落在桌面或地面上的食物，注意就餐礼仪和饮食卫生。

第二篇 制 度 篇

第一章 健康检查管理制度

一、入园儿童体格检查

儿童入园前必须到指定医院进行体格检查，尽早发现传染病和其他疾病，防止患病儿童将传染病带入园内。同时，还可以了解儿童入园前生长发育及健康状况，判断其能否适应儿童集体生活。

（一）儿童入园

1.凡要求入园的儿童必须到指定医院进行体格检查，在其他医疗卫生部门的检查均无效。

2.入园儿童须持有北京市统一印制的《儿童体检合格表》，由幼儿园保健医审查各项检查是否齐全、是否有检查单位印章和家长签字。审查合格后，保健医在入园登记表上签署意见并签字，方可办理入园手续。

3.向儿童家长索要《北京市儿童保健记录》。查验保健记录中，儿童个人信息填写是否准确，体检数据是否齐全。

4.查验《儿童预防接种证》并进行登记，对无接种证或疫苗接种不全的，督促家长及时补证或补种疫苗。

5.新入园儿童按要求建立口腔保健手册档案或填写龋齿检查表。

6.统计新入园儿童登记表，将有先天性疾病、高热惊厥史、癫痫史、脱臼史、过敏史（食物、药物）的儿童作为重点监护对象进行管理，了解其家庭成员有无危及儿童生命健康的传染病或精神病史。

7.统计新入园儿童体检异常状况（贫血、消瘦、发育迟缓、蛋白质—能量营养不良、肥胖儿），建立重点护理监测档案，纳入体弱儿管理。

8.从北京市妇幼保健网络信息系统（二期）迁入新入园儿童体检信息，完成档案维护。

（二）儿童返园

1.在园儿童连续离园满3个月及以上者，返园时必须到指定医院重新体检，合格后，方可入园。

2.因患传染病离园或在家隔离休息的，病愈或隔离期满后，家长应带领儿童去二级甲以上医院检查。没问题后，开痊愈证明。然后，拿着痊愈证明去社区保健科开复课证明。儿童持痊愈证明和复课证明方可返园。

3.因疑似传染病离园的儿童，需凭医院证明或排除疑似或检疫期满方可返园。

4.对特殊情况（如短期出境、去外地、有传染病接触史等）的离园儿童，可以结合当地疫情与实际需要，由幼儿园决定检查项目或检疫时间。要求在园儿童出境返京后，需居家隔离至少21天。离京、返京后，居家隔离至少14天后，身体无任何不适，方可入园。如有特殊情况或去过疫情高发区，应当延长隔离时间。

（三）儿童转园

1.外园儿童转入我园的，持北京市妇幼保健网络信息系统（二期）开具的转园证明，需由保健医在该系统中核实无误后，可以直接入园。如无机打的转园证明，儿童应重新进行体检。

2.在其他园入园时间不满一年的，应索要该儿童入园时的体检表。没有体检表的，应重新进行体检。

3.转园儿童保健记录中需有当年的体检记录。如无记录，则需要重新体检。

4.转园证明自儿童离园之日起，未出本市且无传染病接触史的，3个月内有效。

5.在园儿童退园、转园时，保健医必须提供该儿童的一切保健资料。如保健记录、口腔检查记录、入园不足一年的要提供入园时的体检表、在北京市妇幼保健网络信息系统（二期）做迁出登记，并提供电脑打印证明。

二、在园儿童定期健康检查

在园儿童定期进行体检，通过体检可以了解儿童生长、发育状况，掌握在园儿童生长、发育水平，及时发现疾病和异常情况，并进行有针对性的防治。

（一）体检次数及分工

在园儿童每年体格检查1次。每半年测量身高、体重各1次（由幼儿园组织进行测量）。

（二）时间安排

幼儿园大型体检活动原则上安排在每年的3月份或11月份（由北京市海淀

区妇幼保健院提出，身高、体重由幼儿园负责测量）。

（三）检查要求

1.准确测量身高、体重，要求脱下鞋、帽和外衣。

（1）身高测量以厘米为单位，记录到0.1厘米。

（2）体重测量用落地式杠杆秤，灵敏度为50克，记录到0.01千克。使用电子秤时，需测量3次，记录相同的数据。

2.全面体检包括：

（1）每年检查1次皮肤、心肺、肝脾、脊柱、四肢等。

（2）每年检查1次血常规或血红蛋白。

（3）每年进行1次听力筛查。

（4）每年进行1次口腔检查、2次涂氟防龋，由指定专业医院检查。

（5）每年测量2次身高、体重，由幼儿园组织测查。

（6）4岁以上儿童每年检查1次视力，由指定专业医院进行检查。3岁以下儿童检查1次视力，由保健室进行检查。

3.体检分析及小结。

（1）对体检结果进行全面、综合评价，填写儿童保健记录，录入北京市妇幼保健网络信息系统（二期）网络。

（2）体检中发现异常及时处理：一般性疾病通知家长及时治疗；贫血、蛋白质—能量营养不良、肥胖儿、佝偻病等，按要求进行系统管理；对查出的龋齿、视力异常等进行登记并矫治，愈后及时归档。

（3）向家长公布儿童体检结果，向班级教师反馈体检信息及分析。

三、儿童晨检及全日健康观察

目的在于及时了解儿童健康状况，尽早发现异常及其他疾病，保证儿童在园期间的身体健康。

1.保健医在幼儿园大门口对全体入园儿童进行晨检筛查。进班后，由教师进行二次晨检，无误后，儿童方可进班。

2.儿童进班时，带班教师进行详细晨检。如发现异常，不得让儿童进班。要求家长带儿童到保健室或医院进行检查或诊断。

3.教师按照晨、午、晚检程序对儿童进行检查（一摸、二看、三问、四查）。

4.保健医每日进班巡查5次（早餐、上午加餐、午餐、午睡、晚餐环节），对异常儿童进行检查、处理，对在园儿童实施健康观察。

5.保健医每学期对教师晨检内容和标准进行培训，提高教师辨别常见传染病及其他疾病的能力。

6.保健医与班级教师分别做好健康观察及交接班记录。

（1）保健医每日将检查情况登记在《晨检及全日健康观察登记册》上。

（2）教师按要求填写《交接班登记册》。

（3）保健医每周对班级交接班记录情况进行抽查。

四、工作人员健康检查

保健医要掌握在园工作人员身体健康状况，杜绝其将传染病带入园内，影响儿童身体健康。

（一）上岗前健康检查

1.全体工作人员上岗前必须在卫生行政部门指定的卫生医疗机构进行健康检查，取得《托儿所、幼儿园工作人员健康证明书》后，方可上岗。

2.精神病患者或者有精神病史者不得在托幼机构工作。

（二）定期健康检查

1.教职工每年定期体检一次。保健医提前准备体检人员名单，被检查人员在疾病既往史登记表上确认有无精神病史或传染病史并签字。

2.以电子表格的形式上报指定卫生医疗机构，并有序安排教职工进行定期体检，确保全体工作人员的《健康证》均在有效期内。

3.在岗教职工患有精神病的，应立即调离幼儿园。

4.在岗人员凡患有下列疾病或症状的必须离岗，治愈后须持指定医疗卫生机构出具的诊断证明，并取得《托儿所、幼儿园工作人员健康证明书》后，方可回园工作。

（1）发热、腹泻等症状。

（2）流感、活动性肺结核等呼吸道传染性疾病。

（3）痢疾、伤寒、甲型病毒性肝炎、戊型病毒性肝炎等消化道传染性疾病。

（4）淋病、梅毒、滴虫性阴道炎、化脓性或者渗出性皮肤病等。

（三）持证上岗

食堂工作人员须持有有效的《北京市公共卫生从业人员健康卡》和《卫生法规知识培训合格卡》，方可上岗。有手外伤等身体异常影响食品安全时，不得上岗操作。

第二章 儿童一日生活制度

儿童生活制度的制订原则：合理安排儿童一日生活，有利于儿童神经系统、消化系统及其他各器官系统的正常发育，有利于培养儿童良好的生活习惯。幼儿园要根据不同年龄儿童的生理特点和季节变换，分别制订夏秋季和冬春季儿童（分小班、中大班）作息时间表。

1.全体工作人员必须严格遵守儿童作息时间，规范儿童每日各个生活环节的工作要求，按时开始和按时结束各项活动，不能随意进行更改（特殊情况需经保健医同意）。

2.确保每日儿童户外活动时间不少于2小时，有组织的集体活动不少于1小时，户外活动的密度、强度应适宜，避免儿童活动量不足或者过度疲劳。特殊天气需根据教委要求进行调整。

3.确保儿童进餐时间，任何人不能随意更改开饭时间（提前或延后）。两餐开餐时间必须间隔3.5~4小时，每次进餐时长20~30分钟。保教人员要培养儿童良好的进餐习惯，做到不催饭、不拖延进餐时间，餐后散步或安静活动10分钟。

4.保证儿童中午睡眠时间（夏秋季2~2.5小时、冬春季1.5~2小时），教师应在儿童上床前1小时内持续巡视、后1小时每15分钟巡视1次，确保儿童午睡安全（盖被、纠正睡姿，注意观察儿童呼吸、面色等有无异常）。

5.保证儿童饮水量充足，每日摄入量在600~800毫升左右（小班每次150毫升，中、大班每次200毫升），除上、下午各组织儿童2次集体饮水外，允许并提醒儿童随渴随喝。（园里儿童喝水杯统一规格为400毫升，小班每次喝水杯的3/8，中、大班每次半杯）

6.教师要在户外活动前后、午睡前后、进食前等环节组织儿童集体如厕，并按照儿童个体情况，提醒儿童随时排便、不憋尿。

7.保证儿童集体教育活动时间，小班时长约15分钟，中班时长约20分钟，大班时长约30分钟。

8.严格执行一日生活制度，保健医每日进行巡视，观察班级执行情况，发现问题及时纠正，保证儿童在园生活的规律性和稳定性。

9.儿童来园前经保健医晨检合格后方可入园。儿童进班前，由班里教师进行二次检查，没有问题后方可进班。离园时，家长在大门外等候，教师将儿童交到家长手中。

第三章　健康教育管理制度

健康教育是指有计划地对保教人员、儿童家长、在园儿童宣传健康知识，更新健康观念，改善日常行为，培养儿童良好的健康生活方式和行为习惯。

1.根据不同季节、不同疾病流行特点，制订幼儿园年度健康教育计划，每月组织教师、食堂工作人员进行业务学习。

2.采取多种途径开展健康教育宣传，每月更换宣传橱窗内容，每季度对保教人员开展健康讲座，每学期组织家长听健康讲座。每班配有健康教育图书，并组织儿童开展儿歌、故事、游戏等内容的健康教育活动。

3.健康教育活动的形式应该是丰富多彩的，可以利用幼儿园网站、微信平台、电子广告栏、家长开放日、橱窗、专栏、家访、电话、面谈、短信及家长信等形式进行。

4.每项教育工作完成后，要分析结果，并向园长汇报，向保教人员反馈，向家长公布。

5.妥善保管好健康教育宣传资料，结合幼儿园实际情况，逐步完善教师培训资料的整理。

6.做好健康教育的各项记录、评估和健康教育效果的总结工作。

第四章　儿童营养管理制度

加强幼儿园集体伙食的科学管理，保证在园儿童摄入的膳食营养均衡、合理，促进儿童健康成长。

一、儿童营养管理

（一）管理原则

1.儿童伙食实行民主管理，每月月底由保健医根据营养量计算的分析结果主持并召开伙食委员会。伙食委员会成员由园长、保健医、食堂工作人员等代表组成。每次会议要有中心议题，并针对儿童伙食存在的问题提出改进措施。每学期召开有家长代表参加的伙食委员会，随时听取家长意见。

2.儿童与教职工的伙食账目、食物储存、制作、就餐等严格分开，儿童伙食费专款专用，账目每月公布，计划开支、精打细算、杜绝浪费，每学期伙食收支盈亏不超过总金额的2%。

3.每周制订花样带量食谱，带量食谱的各项营养素均应达到80%以上。每季度进行一次膳食调查和营养评估，膳食中热量、蛋白质、维生素及钙、铁、锌等均应达到80%以上。三大营养素热量占总热量的百分比是：蛋白质12%~15%、脂肪30%~35%、碳水化合物50%~60%。每日早餐、午餐、晚餐热量分配比例为30%、40%、30%。优质蛋白质占蛋白质总量的50%以上。

4.在主、副食的选料、洗涤、切配、烹调的过程中，应尽量减少营养素的损失，符合儿童清淡口味，达到营养膳食的要求。

5.各班教师每天早餐后统计儿童出勤人数并报给食堂。食堂管理员按儿童出勤人数和儿童带量计算出库量，做到不剩或少剩饭菜。主食量控制在5%以内，尽量做到不浪费。儿童食谱不能随意更改，买不到的食物可以用同类食物代替（需经保健医同意并在食谱上更改、签字）。

6.进餐时间合理，两餐开餐时间间隔不少于3.5小时，冬季饭菜保温，并准时开饭。

（二）膳食计划与带量食谱

1.制订科学、合理的膳食计划，参照营养分析，按平时儿童对各种食物的用量，结合伙食费标准制订出谷类、豆类、鱼肉类、蛋类、蔬菜类、水果类、糖油类等每人每日的具体用量。

2.计算每人每日食物量中所含热量、蛋白质等营养素含量，并将计算结果与参考摄入量标准进行比较，反复调整食物量直到达到标准，使热量、蛋白质以及维生素A、钙、锌、铁等元素等均达到80%以上。

3.连续4次营养摄入量达标，可以不做当月膳食计划。每月月底制订花样食谱，保证每周食谱不重样。

4.制订花样食谱时，应根据市场供应情况，选择当季新鲜果蔬，注意蛋白质的互补作用，充分利用豆制食品，做到干稀搭配、荤素搭配、粗细粮搭配、少吃甜食、油炸食品，食盐量控制在3克/日以下，食油量控制在25毫升/日以下。早餐要以主食为主，优质蛋白为辅。午、晚餐蔬菜量充足，多选用各种时令性蔬菜，保证有一定量（50克/日以上）的绿色和橙色蔬菜。

5.小班新生入园第一学期和3岁以上儿童食谱分开制订并单独制作。食物适合儿童年龄特点（如种类、大小、色、香、味）的需要。

6.在花样食谱的基础上制订带量食谱。要根据儿童各年龄组所需营养量的不同设计带量食谱，做到少剩或不剩饭菜。

7.带量食谱制订后，首先检测营养素达标及热量分布情况，反复调整为营养搭配均衡的合格食谱。

（三）进餐护理

1.儿童在进餐前15分钟不做剧烈活动，避免过度兴奋。进餐前及进餐中，让儿童保持愉快的情绪，并专心进餐。

2.餐前组织儿童用香皂及流动水洗手，做到随洗随吃，照顾年幼、体弱及进餐慢的儿童，并提出相应要求。

3.掌握儿童进食量，每餐进餐时长不少于20分钟，保证吃饱、吃好。要教育儿童充分咀嚼，做到不过分催饭，但也不能拖延进餐时间，避免吃凉的饭菜。对食欲不好的儿童要分析其原因，给予照顾。进餐过程中，要注意饭菜的保温。

4.1岁半儿童自己用勺吃饭，2岁儿童独立吃饭，2岁半儿童饭、菜分开吃，4岁以上儿童学习使用筷子，独立吃饭。

5.培养儿童良好的进餐习惯，不偏食，不挑食，爱惜食物，保持桌面整洁。

6.进餐前，教师向儿童介绍食谱，以增加儿童食欲。进餐过程中，不擦地、不扫地、不铺床，保持进餐时的环境卫生。

7.儿童餐后擦嘴，3岁以下儿童漱口，3岁以上儿童刷牙。进餐时，要注意肥胖儿和体弱儿的护理，安排体弱儿先吃，肥胖儿后洗手、后上位，要求细嚼慢咽。

二、饮食卫生管理

（一）执行各项法律、法规的要求

落实《食品安全法》《食品安全法实施条例》及《餐饮服务许可管理办法》《餐饮服务食品安全监督管理办法》《学校食堂与学生集体用餐卫生管理规定》等有关法律、法规和规章的要求，具有有效的餐饮服务许可证，建立、健全各项食品安全管理制度。

（二）食堂工作人员培训

食堂工作人员每2年参加一次"食品安全消毒"培训，每年到指定医院进行健康体检，合格后持"两证"上岗。对患有规定范围内的传染病及性传播疾病、化脓性及渗出性皮肤病的，必须离岗休息、治疗。治疗后，须持指定医院返岗证明，方可恢复上岗。对有可能造成食品污染的疾病如牛皮癣、灰指甲等，要调离食堂操作间工作。食堂工作人员手部发生外伤时，不得上岗操作。

（三）食堂操作间卫生

1.物品放置整齐、合理，卫生清洁、达标，清洁用具（如抹布、墩布、扫帚、簸箕等）专用，保持清洁。

2.面案、菜案、餐具柜和地面要经常保持清洁，做到随用随擦。

3.垃圾放入带盖的固定容器内，随时清理，食堂操作间内不准堆放垃圾。

4.食堂操作间及库房有防蝇、防鼠、灭蟑等设备（如粘虫和苍蝇纸、鼠夹、粘鼠胶等），每周五灭蟑一次（烟熏或用开水烫），食堂操作间内无苍蝇。

5.食堂操作间内、外存放物整齐、清洁，玻璃明亮、无污垢，墙壁无尘土、塔灰及蜘蛛网，地面无油垢。每天下班前用消毒液拖、擦干净；每周彻底进行一次大扫除，每月进行一次卫生大检查。

6.盛放水产类、肉类、食物半成品、生食品、熟食品的餐、用具及容器要分开，标记明显、齐全。

7.食堂工作人员接触熟食时，必须用消毒液浸泡消毒双手，并且要用夹子夹取熟食，不可用手直接接触食品。

8.加工生、熟食品的用具要分开。熟食用具每次用后清洁干净并消毒；生食用具每次用后清洁干净，每周消毒。

（四）库房管理

1.库房整齐、干燥、凉爽、通风，货物生熟分开，分类、定位摆放，货架标有物品名称、保质期，粮食及食物原料不触地、不挨墙，外包装箱、盒不进库房、冰箱。

2.冰柜、冷藏箱专柜专用，每日消毒，生、熟食物分开储存，不可放在同一冰箱内。生食在冰柜内存放不超过2周，不得有过期、腐烂、变质的食物。

3.水产类及肉类可以提前放在冰箱的冷藏室内解冻。在室温下，放置时间不得超过2小时。

（五）餐、用具清洗及消毒

1.餐具清洗池有标记，洗刷程序正确（去残渣、去污垢、冲洗后送消毒柜消毒）。餐具消毒后，放入保洁柜中，防止使用前污染。

2.炊事用具及容器用后随时清洗。每天下班前全部刷洗干净，每周进行消毒。

3.餐具、送餐车及熟食盖布等直接接触食物的物品，要求每天清洗干净，每餐进行消毒。

4.餐、用具各种标识明确，分开使用，清洗、消毒后定位存放。

5.由专人负责餐、用具的消毒和清点工作，并按要求做好消毒记录。

（六）食品卫生质量

1.食品进货渠道正规，选择大的商场或超市，并索取食品检验合格证或化验单。供货单位必须持有《食品生产许可证》或《食品流通许可证》。进货前，认真查验并索票、索证，食品采购和验收记录齐全。

2.定型包装食品和食品添加剂必须有产品说明或商品标志。不同产品按规定应有品名、产地、厂名、生产日期、批号、规格、配方或者主要成分、保质期限、食用或使用方法等。

3.食品新鲜、洁净，保证不买、不做、不吃腐烂变质的食物。外购熟食要加热，热透再吃。剩余食物放入冰箱，生熟分开，食用前必须加热，热透再吃。

4.儿童食品每餐、每锅留样48小时，留样食品按品种分别盛放于清洗消毒后的专用容器内，每种食品留样重量不少于125克。

5.严格按照要求使用食品添加剂，并做好使用记录。

6.认真贯彻《食品安全法》，确保饮食卫生、安全，把住病从口入关，杜绝发生食源性疾病及食物中毒。

（七）饮用水卫生

1.为儿童提供符合国家《生活饮用水卫生标准》的生活饮用水，保证儿童饮用水安全、卫生。

2.使用热能交换式饮水机。水烧至100℃后，控温40℃，供儿童饮用。净水机定期清理，更换滤芯。

3.经常检查水质的卫生情况（尤其是停水或施工后），防止水源污染，保证饮用水的清洁、卫生。

4.儿童饮水杯用后清洗干净，每日下班前送食堂消毒。

（八）个人卫生

1.全体教职工坚持搞好个人卫生，勤洗澡、勤更衣，不留长指甲、不染指甲、不戴手镯或戒指等，园内、休息室、操作间严禁吸烟。

2.工作服、工作帽、口罩、围裙干净、整洁，每天清洗消毒。工作服专人专用。去厕所或离园时必须脱下，不得穿出园外。

3.食堂工作人员上灶前、开饭前及便后必须用肥皂、流动水洗手。

4.食堂工作人员分餐前应消毒双手、戴口罩、换清洁的工作服。

（九）食堂重地，外人禁入

非食堂工作人员禁止出入食堂。检查或检修人员进入食堂时，要通过保健医允许，由专人带领，并穿戴好防护服，方可进入。食堂无人时，锁好门窗，确保儿童食品安全。

第五章　儿童体格锻炼管理制度

根据儿童年龄及生理特点，有组织地开展各种形式的体格锻炼，掌握适宜的运动强度和运动频率，以促进儿童生长、发育，提高抵抗疾病的能力。

1.组织儿童进行室内、外活动时，应保证活动场地及活动器械、材料的卫生与安全，并提前做好场地布置和运动器械、材料的准备。

2.班级教学计划应包括体格锻炼的内容，锻炼计划要根据儿童年龄特点，并结合季节的变化而制订（由保健医参与，共同完成）。

3.运动前应检查儿童着装是否适宜，活动时是否安全。

4.运动中，教师要加强对儿童的保护，避免造成运动伤害。同时，注意观察儿童面色、精神状态、呼吸、出汗量和儿童对运动的反应。若有不良反应，应及时采取措施或停止锻炼。运动后，还要注意观察儿童的精神、食欲、睡眠等状况。

5.全面了解儿童健康状况，患病儿童应停止锻炼；带药、病愈恢复期的儿童要根据身体状况进行调整；体弱儿童的运动量及运动时间要较健康儿童减少，并对儿童的运动反应进行仔细观察。

6.肥胖儿、超重儿除参加集体锻炼外，还要增加活动的强度和密度，保健医及教师对肥胖儿锻炼计划的落实进行监督、检查。

7.天气好、日光充足时儿童不戴帽子、手套等物品，要尽量暴露全身各部位的皮肤，特别是头和四肢，以促进维生素D和钙的吸收，但不能在阳光最强的时候（12：00~15：00）外出，以防晒伤。

8.天气恶劣或雾霾严重时，应视严重情况减少或停止儿童户外活动。室内不开窗换气，打开空气净化器，可以组织儿童利用室内场地和器械进行锻炼，如广播操、武术操、游戏、舞蹈、瑜伽等适宜在室内进行的运动，并达到一定的运动量，还应保证儿童活动的安全。

9.每季度对儿童体格锻炼情况进行医学监测（锻炼前、后分别测体温、脉搏、心率、血压、呼吸），由保健医和教师配合完成。

10.平时注重体格锻炼，以儿童喜爱的游戏、情景组织儿童开展"走、跑、跳、钻、爬、投"等活动，达到锻炼身体、提高身体机能的目的。

（1）按《北京市3~6岁儿童体质测定》的标准及要求进行测试。

（2）由专人和保健医共同准备测试前的场地及器械。

（3）测试人员相对固定，熟悉测试标准及要求。测试时标准统一，数据记录准确。

（4）每年5月底完成体质测定结果及分析，由保健医负责完成，并将结果向家长及教师公布。

（5）对未达到项目年龄标准的儿童进行个别指导，加强锻炼，保证儿童体测率达标。

第六章　卫生保健信息管理制度

建立、健全幼儿园卫生保健档案资料，工作人员《健康合格证》《儿童入园健康体检表》《儿童体检记录》《儿童转园健康证明》等原始资料齐全。

1.认真制订学年、学期工作计划，各项工作有计划、有安排，学年、学期末进行工作总结。

2.卫生保健工作记录和健康档案内容齐全、真实完整、统计及时、字迹清楚、数据准确。各种资料及时归档，至少保存3年。

3.认真做好儿童出勤、晨午检及全日健康观察、在园儿童带药及服药记录、因病缺勤儿童分析追踪、膳食管理、卫生消毒、营养性疾病、常见病、传染病、意外伤害和健康教育等记录和统计报表。

4.对儿童出勤、健康检查、传染病发病、膳食营养及时进行统计、分析，向园长进行汇报，并将结果及分析的内容向教师及儿童家长公布。

5.按要求将新入园儿童基本信息、健康体检信息输入电脑，统一管理。

（1）新入园儿童基本信息及体检情况输入北京市妇幼保健网络信息系统（二期）信息网络。

（2）在园儿童体检、体测信息输入北京市妇幼保健网络信息系统（二期）信息网络。

（3）根据已录入北京市妇幼保健网络信息系统（二期）信息网络的数据及分析，按时、按要求完成幼儿园学年年报工作。

（4）儿童体检结果及评价记入《北京市儿童保健记录》。

6.按时、按要求完成《北京市卫生保健登记册》的填写。

（1）晨检及全日健康观察登记册：由保健医填写，注意书写格式与要求，应有保存价值，在特殊情况时有查询意义。

（2）交接班登记册：由各班教师填写，每月第二、第四周由保健医进行检查。

（3）健康教育与家长联系册：由保健医填写，及时登记内容，做到资料保存完整。

（4）疾病及传染病防控工作登记册：由保健医按要求填写。

（5）儿童膳食管理委员会会议记录册：由保健医填写，每次有中心议题，决议明确。

（6）体弱儿及肥胖儿登记册：由保健医填写，明确诊断、定期复查、及时结案。

（7）儿童伤害与事故登记册：由保健医按要求进行登记，及时分析、查找隐患，总结教训。

（8）传染病登记册：由保健医按要求填写。

（9）大型玩具检查登记册：由保健医按要求检查并填写。

（10）缺点矫治登记册（含视力矫治、龋齿矫治）：由保健医填写，按时复查，观察矫治的效果。

（11）紫外线消毒灯使用登记册：由保健医按要求进行填写。

（12）卫生保健工作的各种检查登记表格（含保健医、教师、食堂使用的）整理归档。

第七章　传染病预防制度

一、预防接种常规

预防接种是最有效控制传染病发生和流行的措施。

1.儿童入园时必须将《预防接种证》交到保健室统一查验。保健医登记并统计儿童接种疫苗情况，发现漏种情况及时通知家长，开具《儿童疫苗补种通知单》，让家长带领儿童自行前往所处地段保健科进行疫苗补种，并按疾控中心要求汇总疫苗补种情况，认真、细致地填写登记表，交到社区卫生服务中心备案。

2.按照《北京市免疫规划疫苗免疫程序》（2009年版）（表2-1）按时通知儿童进行预防接种。由保健医下发接种通知，由家长陪同儿童到对口社区卫生服务中心进行相应疫苗的接种工作。

3.儿童在入园前完成相应的计划内疫苗及水痘的接种工作（表2-2）；在家长自愿的原则下，配合所处地段保健科进行自费流感疫苗的预防接种。

4.儿童接种时要身体健康、无过敏史及禁忌症。接种后，观察儿童反应，向家长宣传接种后的一般反应和处理原则。

5.对因各种原因不能接种的儿童及时进行补种（表2-3），确保免疫内接种率达到100%。

6.保健医将疫苗接种情况登记在《儿童免疫规划疫苗接种情况登记表（托幼园所、学校用）》上，以备查验。

表2-1　北京市免疫规划疫苗免疫程序（2009年版）

年　龄	卡介苗	乙肝疫苗	甲肝疫苗	脊灰疫苗	百白破疫苗	白破疫苗	麻疹疫苗	麻风二联疫苗	麻风腮疫苗	乙脑疫苗	流脑疫苗	A+C流脑疫苗
出　生	●	●										
1月龄		●										
2月龄				●								
3月龄				●	●							
4月龄				●	●							
5月龄					●							

（续）

年　龄	卡介苗	乙肝疫苗	甲肝疫苗	脊灰疫苗	百白破疫苗	白破疫苗	麻疹疫苗	麻风二联疫苗	麻风腮疫苗	乙脑疫苗	流脑疫苗	A+C流脑疫苗
6月龄		●									●	
8月龄								●				
9月龄											●	
1岁										●		
18月龄			●		●				●			
2岁			●							●		
3岁												●
4岁				●								
6岁						●			●			

表2-2　新入托或转入儿童接种证查验参考用表

（托幼园所查验人员用）

	卡介苗	乙肝疫苗	脊灰疫苗	百白破疫苗	麻风腮疫苗	A群流脑疫苗	A+C群流脑疫苗	乙脑疫苗	白破疫苗	甲肝疫苗
1.5~2岁	1	3	3	3	-	2	-	1	-	-
2~3岁	1	3	3	4	1	2	-	1	-	1
3~4岁	1	3	3	4	1	-	-	2	-	2
4~5岁	1	3	3	4	1	-	1	2	-	2
5~7岁	1	3	4	4	1	-	1	2	-	2
7岁以上	1	3	4	4	2	-	1	2	1	2

（1）接种证显示少于上表所示接种次数的，视为漏种。是否需要补种，由接种医生判断。

（2）新入托或转入儿童是否接种疫苗依据表2-1《北京市免疫规划疫苗免疫程序》（2009年版）。

（3）甲肝疫苗查验对象为2002年1月1日以后出生的儿童。

表2-3　北京市免疫规划疫苗补种标准

疫苗名称	漏种针次	补　种　标　准
乙肝疫苗	基础1~3	补满基础剂次。第1剂和第2剂间隔应≥28天。第2剂和第3剂间隔应≥60天
	初一加强	初二及以上年级不再补种
脊灰疫苗	基础1~3	补满基础，剂次间隔≥28天
	4岁加强	与前剂间隔≥28天补种
百白破疫苗	基础1~3	补满基础，剂次间隔≥28天。若已满6岁，尚未接种过百白破疫苗，用白破疫苗补基础。第1剂和第2剂间隔≥28天，第2剂和第3剂间隔≥半年
	1.5岁加强	与基础间隔≥半年补种，若已满6岁，用白破疫苗补种
	6岁白破	与前剂间隔≥半年补种，满7岁不再补种
	初三白破	与前剂间隔≥半年补种，初中毕业后不再补种
麻风二联疫苗	基础	若未接种含麻疹成分的疫苗，用麻风疫苗补种，与含风疹/流腮成分的疫苗间隔≥28天补种。若已满1.5岁，不再补种
麻风腮疫苗	1.5岁	与麻风二联或麻腮二联或麻疹、风疹、流行性腮腺炎疫苗单苗基础间隔≥28天补种
	6岁复种	与前剂间隔≥1年补种
流脑疫苗	基础1~2	A群流脑疫苗补基础，2针次间隔≥3个月。若已满3岁，不再补种
	3岁A+C	若之前接种过2剂A群流脑疫苗，与前剂间隔≥1年补种。若之前只接种过1剂A群流脑疫苗，需间隔≥3个月
乙脑疫苗	基础	补基础。若之前接种过1剂灭活乙脑疫苗，视为无效接种，补1剂。若之前已按国家免疫程序完成基础免疫（2剂灭活或1剂减毒乙脑疫苗），不再补种
	2岁复种	与基础间隔≥1年补种
甲肝疫苗	基础	补基础
	2岁加强	与前剂间隔半年补种

（注：若没有特殊说明，各剂次均为已满14岁不再补种）

二、传染病管理常规

健全并完善专用隔离室，设备齐全，物品专用。认真落实传染病管理制度。

儿童及教职工确诊或疑似传染病发生，应进行隔离观察并做记录，24小时上报所处地段保健科。所在班级采取相应的消毒措施。园内保健医3次巡诊，发现患儿，及时隔离观察。隔离病儿专人护理、观察服药、填写观察记录。

1.贯彻"预防为主"的方针，普及卫生保健知识。每月通过飞信、博客、家长园地、宣传栏及电子公告栏向家长及教职工宣传一次，取得教职工及家长的配合，做好疾病预防，促进儿童身心健康、和谐发展。

2.提高儿童机体的免疫力，按年龄、季节、程序完成防疫部门所布置的预防接种工作，各种预防接种不漏项，除儿童禁忌症者，预防接种率达100%。凡在园儿童，电子表格登记率要达到100%。

3.杜绝传染病暴发，肝炎、痢疾无续发，传染病发病率控制在5%以内，严格执行传染病管理制度。

4.及时了解疫情，发现传染病及时上报防疫站。做到传染病"早预防、早发现、早报告、早诊断、早治疗、早隔离"，实行及时、正确的检疫措施。对所在班级进行严格的消毒，对接触传染病的儿童要立即采取必要的防疫措施，按各种传染病规定的检疫期进行检查。检疫期间不办理入托、转园手续。按季节积极采取各种预防措施，降低传染病的发病率，做到传染病无暴发，肝炎、痢疾无续发。

5.在传染病流行期间，要求家长不带儿童去公共场所。

6.幼儿园不为儿童进行预防性投药，不预服保健品，建议家长在家给儿童服用保健品。

三、传染病管理制度

（一）预防措施

1.做到"六早"，及时了解疫情，早发现、早诊断、早隔离、早治疗、早报告、早预防。

2.把好"三关"。

（1）把好晨、午、晚检关，及时联系无故缺勤的儿童家长，了解缺勤情况。

（2）把好儿童入园体检关及教职工上岗体检关。

（3）把好消毒、隔离、检疫关。

①消毒：按卫生制度做好日常消毒工作（包括食堂卫生消毒工作）。疫情发生时，对班级教室和污染场所进行及时、彻底地消毒，记录备案（掌握呼吸道传染病和一般肠道传染病及肝炎的消毒对象和方法）。

②隔离：对诊断和疑似传染病的儿童和教职工应立即隔离，按传染病规定的隔离期进行隔离（参考新常规传染病的潜伏期和隔离检疫期限）。

③检疫：对密切接触传染病的儿童及教职工立即采取检疫措施，按传染病规定的检疫期限进行检疫。其间，不与其他班级接触，暂停办理入园手续。

（二）抓好三个环节

1.控制传染源

（1）对诊断或疑似传染病的儿童及教职工应立即送往隔离室进行观察、治疗，儿童所在班级教师向保健室汇报。根据各项传染病规定的办法，进行彻底终末消毒。患儿痊愈，凭医生证明，方可回班。

（2）对患传染病的儿童班和与传染病接触者进行检疫观察。检疫期间不混班，不串班（检疫班要有标志），不收新儿童，不转出儿童。检疫期满后，无症状者方可解除隔离。

（3）教职工及儿童家中发现传染病人时，应报园领导，以便采取检疫措施。

（4）儿童及教职工入园前要进行全面体格检查，凡有传染病接触史或在传染病恢复期者暂不入园，定期体检发现传染病人或病原体携带者要进行登记管理，调离岗位。

2.切断传播途径

（1）切断呼吸道传染病传播途径，冬季每半日室内通风10~15分钟，每天至少通风两次。班级配备空气净化器，保持空气新鲜、流通。传染病流行期不带儿童去公共场所。

（2）切断消化道传染病的传播途径，培养儿童良好的卫生习惯，饭前、便后用肥皂洗手，不吃生冷、腐败、变质、不洁的食物。做好地面、餐具、餐桌、水杯、毛巾消毒。消灭蚊、蝇、老鼠等传染疾病的害虫。

3.保护易感人群

保健医掌握园内易感儿情况并登记，对传染病有密切接触史者进行登记，根据情况采取相应措施，增强体质，加强营养，预防接种，投服预防药，提高儿童对疾病的抵抗力，对病儿的排泄物进行消毒，病儿居室终末消毒。

四、日常卫生与消毒

健全制度，落实检查，班内有日常卫生消毒情况记录，保健室有每周进班检查记录，发现问题及时解决，并提出考核意见。

（一）个人卫生与消毒

1.早晨入园后指导儿童按照"七步洗手法"的要求，用肥皂和流动水洗手，特别注意餐前、便后手的清洁与卫生。

2.儿童擦手、擦嘴毛巾一人一巾。晾晒毛巾时，毛巾与毛巾之间不重叠。每天对毛巾进行清—消—清消毒（消毒液为250毫克/升含氯消毒液）后，挂在指定晾晒区晾晒。

3.饮水杯一人一杯。水杯把手统一向右。每天下班前清洗干净，送食堂消毒。

4.刷牙用具做到一人一杯一牙刷一牙膏。牙杯每周清洗后，送食堂消毒。

牙刷用后冲洗干净、甩干、刷毛向下、向右放置。牙杯把手统一向左。牙刷每3个月更换一次，使用期间，如发现牙刷损坏时，要及时更换。

5.儿童每周剪手指甲1次、每两周剪脚趾甲1次。请家长协助儿童勤洗头、洗澡、勤换衣服，保持服装卫生、清洁。

6.儿童梳子有专用标识。每周刷洗干净后，用250毫克/升的含氯消毒液（健之素）浸泡消毒30分钟，然后用清水冲洗干净，晾晒。值日生围裙要保持清洁，每周清洗一次。

7.儿童被、褥、凉席、拖鞋等用品专人专用，保持清洁。每月由家长带回洗晒。

8.幼儿园教职工保持仪表整洁，不染指甲、不留长指甲、不佩戴戒指，勤洗澡、勤洗头、勤剪指甲。儿童开餐前，教师用肥皂、流动水洗手，帽子、围裙每周五清洗，保持清洁。儿童进餐后，教师应立即脱掉围裙，不允许穿着围裙搞卫生。

（二）室内卫生与消毒

1.室内空气保持流通、新鲜，每日至少开窗通风2小时（上、下午户外活动开窗时间各1个小时）。空气污染时，关闭门窗，开启空气净化器。夏季随时开窗通风。

2.室内门把手、直饮机水龙头、窗台、物品柜、床围栏、地面等，每日用250毫克/升含氯消毒液（健之素）擦拭、消毒，保持清洁。

3.室内玩具（含棉布、毛绒玩具等）每周五清洗消毒。消毒前先清污，再用250毫克/升的含氯消毒液（健之素）消毒。图书每周放在日光下暴晒或用紫外线灯照射消毒。

4.儿童床、小桌椅等儿童密切接触的物品（含可骑、可坐的室内玩具车等），每日下班前清洁。每周五要彻底清洁一次，要用250毫克/升的含氯消毒液（健之素）擦拭消毒。

5.盥洗室门把手、水龙头、水池等儿童经常用手摸的地方要保持清洁，每天用250毫克/升的含氯消毒液（健之素）擦拭、消毒。

6.儿童厕所专用。儿童如厕后，及时冲刷，做到清洁、无异味。便池每天用400毫克/升的含氯消毒液（健之素）刷洗。厕所地面、挡板每天用400毫克/升的含氯消毒液（健之素）擦拭、消毒。

7.班内清洁卫生用具（如扫帚、墩布、簸箕、抹布等）标识清楚。活动室、盥洗室墩布专用，用后清洁、消毒，干燥存放。墩布洗净，挂起控水，放到指定的晾晒区晾干。抹布洗净、晾干，每日消毒。

8.室内的污物垃圾装入塑料袋，每日清理。奶盒、果皮、果核等垃圾及时清理。垃圾桶内、外保持清洁。

9.室内配有蝇拍。每年夏天周六、日儿童不在园期间，应定期请院里防疫队喷药消灭蚊蝇或在角落撒药消灭蚂蚁等。周一清晨,儿童来园前,必须清扫干净,避免发生意外。

10.室内卫生每周彻底清扫,做到无污垢、无塔灰、无死角。

（三）饮食卫生与消毒

1.儿童餐具专人专用,用后送食堂洗净、消毒。

2.餐桌、餐车和分餐桌按清—消—清的消毒顺序消毒。从开餐前15分钟开始,第一遍用清水抹布去污;第二遍使用250毫克/升的含氯消毒液（健之素）消毒桌面,并滞留10分钟;第三遍用消毒后的抹布擦去餐桌上残留的消毒液。儿童值日生只能用清水擦第三遍,不能接触有消毒液的抹布。

3.生吃瓜果要洗净。教师洗手后,再给水果削皮、去核,分装,防止食用前污染。水果刀、切水果的案板使用前要消毒,用后洗净、擦干,保持光洁、无锈、无垢并放在生活用品柜子里,然后每天晚饭后随水杯统一送到食堂消毒。

4.保持直饮机、水壶、晾水壶内外清洁,定期消毒。

5.使用奶壶时,每日用后洗刷干净,送食堂消毒。

6.水杯、水壶、毛巾、水果盖布、口袋等每日清洗,送食堂消毒。

7.水杯格盖布等物品保持清洁,每周清洗、消毒。

8.接触儿童饮食的保教人员,工作前先戴好帽子,再用肥皂、流动水洗手。

（四）食堂卫生与消毒

1.幼儿园每年定期由院里防疫队来园采样、化验,提前1个月做好更换《食品经营许可证》的申报工作。

2.卫生清洁用具专用（如抹布、墩布、扫帚、簸箕、垃圾桶等）,保持清洁。

3.操作台、面案、菜案、餐具柜要保持清洁,随时清理,用后清洗干净,每天消毒1次。用不同规格的84消毒液配比（1∶32的配比是84消毒液10毫升加500毫升水;1∶42的配比是84消毒液10毫升加水1 000毫升;1∶150的配比是84消毒液10毫升加水2 500毫升,都是配成250毫克/升有效氯含量）;地面、墩布、抹布要保持清洁,随时清理。用后清洗干净,每天消毒1次,用不同规格的84消毒液配比（1∶32的配比是84消毒液20毫升加500毫升水;1∶42的配比是84消毒液20毫升加水1 000毫升;1∶150的配比是84消毒液20毫升加水2 500毫升水,都是配成500毫克/升有效氯含量）。

4.废弃物放入垃圾袋内,袋口扎紧,随时清理,操作间内不准存放垃圾。

5.操作间及库房有防蝇、防鼠、灭蟑措施,如灭蝇灯、粘鼠板、下水道有防鼠网等。

6.操作间内、外存放物整齐、清洁,玻璃明亮,无污垢,墙壁无尘土及塔灰,地面无油垢,每天用消毒剂拖擦干净,每周五进行彻底大扫除,每月接受园内卫生大检查。

7.冰箱内保持干净，每周彻底清洁。水产类、肉禽类、蛋类、半成品、熟食品等食材不可放在同一冰箱内。冰柜内存放生食不超过2周，不得有过期、腐烂、变质的食物。

8.加工生食、半成品、熟食品的用具要分开使用。熟食用具每次用后清洁干净并消毒，生食用具每次用后清洁干净，每周消毒。

9.食堂送餐车、餐车罩布、餐盆盖布、餐具等每餐消毒，工作服、帽、围裙等每日清洗消毒。

10.库房整齐、干燥、通风，物品分类摆放整齐，做到隔墙、离地。生食、熟食、半成品分开存储。

11.餐具清洗池有标记，洗刷按照"去残渣、去油污、再冲洗"的程序操作。餐具消毒后，放入保洁柜，防止使用前污染。

12.炊事用具及容器用后随时清洗。每天下班前全部刷洗干净，每周消毒。

13.使用蒸汽消毒柜消毒不锈钢餐具、筷子等物品，水沸后消毒10分钟。

14.食堂工作人员接触熟食及分餐时，必须戴口罩并用消毒液消毒、浸泡双手。分取食物要用夹子，不可用手直接接触食物。

15.食堂送餐车每次使用前擦拭、消毒，使用后保持清洁、卫生。

16.非食堂工作人员禁止进入食堂或从食堂穿行。

（五）环境卫生与消毒

1.幼儿园院内卫生每日清扫2次（儿童入园前及儿童离园前），保持清洁。夏季清晨可湿式清扫。清扫工作不得在儿童户外活动时间进行。

2.定期对园内树木、花草进行清理、浇水，定期喷洒灭蚊虫药。

3.遇有雨、雪天气时，要及时清扫干净，必要时铺防滑垫、毯。

4.定期清理喷水池及园内角落，不能有死角。

5.园内大型玩具每天擦拭，及时清洁（阳光照射下紫外线消毒）。

6.楼梯、扶手、阳台、儿童更衣柜等公共卫生区，每天早上清洁，擦拭、消毒，保持日常整洁。楼道墙壁、装饰等干净清洁。清洁用具专用，扫帚、簸箕、墩布、抹布等标识清楚。

7.公共洗手间每日清洁、消毒，墙壁、地面、水池、便坑等清洁无污垢、无异味。

8.园内垃圾桶保持清洁、卫生，垃圾每日清理。

9.园内如有施工，周围要有围挡、有防尘措施，施工垃圾及时清运。

10.园所大门、宣传橱窗、标志牌、壁画等定期擦拭，无尘土。

11.幼儿园装修需经有关部门检测合格、无环境污染，方可使用（此项工作由后勤园长及保健医共同把关）。

12.园内施工后要及时清理卫生，施工后剩余的材料要及时清走。

13.幼儿园内及大门口禁止吸烟。

（六）日常消毒内容与方法

1.班里的不锈钢水壶、筷子、饭勺使用食堂的蒸汽消毒柜消毒，水沸后消毒10分钟。

2.布袋装的儿童水杯、水果盘、水果案板、水果刀使用食堂的蒸汽消毒柜进行消毒，水沸后消毒10分钟。

3.园内大型玩具每周五由保洁人员使用250毫克/升的含氯消毒液（健之素）进行擦拭、消毒。

4.室内桌椅、儿童床、托盘、玩具柜等所有物体表面，每日使用250毫克/升的含氯消毒液（健之素）擦拭、消毒。

5.可浸泡消毒的儿童塑料玩具等，每周五清洁干净后，使用250毫克/升的含氯消毒液（健之素）浸泡10~30分钟，然后，用清水冲洗干净后晒干。

6.儿童图书每周放在室外阳光下暴晒、消毒。

7.水龙头、门把手、厕所挡板、便池、地面、墙面，每日使用400毫克/升的含氯消毒液（健之素）擦拭、消毒。

8.卫生清洁用具如餐桌毛巾、抹布、扫把、墩布等，每日使用250毫克/升的含氯消毒液（健之素）浸泡30分钟消毒。

9.室内空气采用自然通风的方法，每日开窗换气，保持空气新鲜。冬季及夏季开空调时至少每日通风2次。空气污染严重的雾霾天气，使用室内空气净化器。

10.儿童床上用品及拖鞋根据季节变化，每月由家长带回家清洗、晾晒。传染病高发期另行安排洗晒时间。

第八章 体弱儿管理制度

一、管理原则

1.体弱儿

体弱儿包括：小儿营养性缺铁性贫血、维生素D缺乏性佝偻病、营养不良、反复感染（呼吸道、肠道感染）、先天性心脏病、癫痫、神经系统发育迟缓、常见畸形儿、肥胖儿等。

2.体弱儿专案管理

对全部体弱儿进行登记，各班保教人员了解本班体弱儿情况。对中、重度贫血儿童、活动期佝偻病、反复感染、营养不良的儿童建立体弱儿管理卡片，进行专案管理。

3.体弱儿护理

在保健医指导下,保教人员应对体弱儿进行护理,并在吃、玩、睡方面给予特别照顾。保教人员有针对性地对本班体弱儿给予照顾,有护理措施,有记录,直至康复结案为止。

二、管理要求

(一)小儿营养性缺血的管理

1.确定小儿营养性缺血的依据

有医院明确的诊断,血红蛋白11克/升以下;有明确的缺铁原因和典型的临床表现。

2.专案管理

对轻度贫血儿童进行登记,有初诊、复查日期和化验结果。中、重度贫血儿童建立专案管理,3个月结案。每个月复查血红蛋白,血红蛋白正常后继续服药4~6周。

3.饮食调整

家园配合,调整儿童饮食,多吃含铁高的食物,如猪肝、瘦肉等。

(二)营养不良儿童的管理

1.专案管理

营养不良儿童建立专案管理档案,分析病因,得到家长的配合,采取措施。

2.定期监测

低体重:每月测量体重。发育迟缓:每3个月测量身高、体重。消瘦与严重慢性营养不良:每月测量体重一次,每3个月测量身高一次。每次将测量结果通知家长。

3.转诊

对需要进行临床治疗及半年内连续3次体重不增或连续身高2次不增者,可转诊到医疗机构。

4.营养指导

查找病因,合理搭配,营养膳食,预防疾病。

(三)反复感染儿童的管理

1.反复感染诊断标准

因患病连续3个月内缺勤累计5天及以上者;因患病连续3个月内每月带药累计7天者;因患病连续3个月内缺勤及带药累计10天及以上者。

2.管理措施

每月统计筛查反复感染儿童,建立专案管理,每月观察一次。针对病因,配合医院治疗，加强生活护理和体育锻炼，提高机体的适应能力。

（四）肥胖儿童管理常规

1. 肥胖儿童管理对象

入园体检及定期体检中发现的超重儿童和肥胖儿童。

超重儿童只登记，不建专案；肥胖儿童既登记，又要建立专案卡片。每月测量身高、体重，填写专案管理卡片和肥胖度监测表。

2. 肥胖儿童分度

超重：超过身高标准体重的10%~19%。

轻度肥胖：超过身高标准体重的20%~29%。

中度肥胖：超过身高标准体重的30%~49%。

重度肥胖：超过身高标准体重的50%以上。

诊断：身高比体重大于或等于中位数加2个标准差即可诊断为肥胖。

3. 专案管理

对肥胖儿童进行专案登记，了解原因，制订相应的控制措施。设计可操作的调查问卷了解儿童的基本情况、居家生活及饮食习惯、父母家族遗传史等，根据调查分析结果，制订有针对性的指导措施、班级生活护理要求等。每月按时给肥胖儿测量身高、体重，填写专案管理卡片及儿童肥胖度统计表；肥胖程度减轻、在半年内稳定为管理有效。每月测量一次身高、体重，肥胖儿童身高标准体重值正常后，继续维持3个月，可结案。

4. 家长具体做法

与家长进行沟通，向家长宣传育儿知识和肥胖的危害，得到家长的配合，科学指导家长针对儿童饮食，合理配餐。在家有目的地加强肥胖儿童体育锻炼，要求达到中等强度。进餐时，在保证营养的情况下，控制其主食摄入量和进餐速度，让其养成细嚼慢咽的进餐习惯。

5. 保教人员具体做法

（1）将培养儿童选择健康食物的能力纳入儿童健康教育课程之中。

（2）应尽量减少烹调过程中油、淀粉、糖的用量。

（3）进餐时，教师合理地调控儿童的进餐速度。

（4）保证超体重儿童正常饮食，教师可以适当多给一些菜。

（5）添饭的技巧：教师给超体重的儿童盛饭时，一定不要盛得太满，将正常的一份饭分成几次盛给儿童。

（6）指导超体重儿童吃饭技巧——如何放慢吃饭速度：一口饭在嘴里咀嚼10下再咽；肥胖儿与吃饭较慢的儿童同坐一桌，教师引导吃饭较快的儿童减慢进餐速度；吃馒头、花卷时，掰成小块儿，一块儿一块儿地吃；控制吃饭速度，每餐不少于20分钟。

6. 饮食调整

（1）在保证儿童生长发育基本需要与膳食营养平衡的基础上控制食物总量，避免过量进食，主要控制脂肪的过多摄入，主食仍以谷物为主，应限制甜食、零食的摄入。

（2）改变不良饮食习惯，保护儿童自我调节食物量的能力，培养儿童学会选择健康食品，知道什么是饱、什么是饿，而不是听从教师和父母的要求。

（3）下列食物应尽量少吃：糖果、蜜饯、巧克力、冷饮、甜点心、膨化食品、西式快餐、肥肉、黄油、油炸食品、各种含糖饮料。

7. 生活方式调整

（1）控制儿童看电视和玩电脑游戏的时间，每天控制在1小时以内。

（2）尽量减少静坐的时间。

（3）养成勤快的习惯，帮助家长和教师做力所能及的事情。如安排肥胖儿在集体中做一些其他"工作"，如摆椅子。

8. 运动锻炼

（1）选择全身肌肉参与的有氧、移动身体重心的运动。

（2）运动形式应多样化，适合儿童年龄特点并富有趣味性，可以通过角色扮演提高肥胖儿对运动的兴趣。

（3）教师尽量在户外活动中关注肥胖儿，带动肥胖儿活动。

（4）肥胖儿宜选择慢跑、娱乐性比赛等运动方式，每周3~5次，保持动的状态不能少于30分钟。

（5）体重超标，特别是中、重度肥胖的儿童，心肺功能较正常儿童低下，活动量和活动强度不要过大，以免造成身体损伤。

（6）对儿童户外活动量进行监测（表2-4）。

表2-4 肥胖儿活动量观察表

	指标	轻度疲劳	中度疲劳	非常疲劳
活动中	面色	稍红	相当红	十分红或苍白
	汗量	不多	较多	大量出汗
	呼吸	中速稍快	显著加快、加深	急促、紊乱
	动作	准确	摇摆不定	动作失调，用力颤抖
	注意力	集中	能集中，但不稳定	注意力分散
	情绪	愉快	略有倦意	精神疲倦
活动后	食欲	良好，饭量增加	略有下降	恶心、呕吐
	睡眠	良好，入睡快	入睡较慢	很难入睡
	精神状态	爽快，情绪好	略有不振	精神恍惚

第九章　特殊儿童管理制度

通过对园内患有先天性疾病、生长迟缓、有碍健康病情及病史的儿童身体状况的了解，采取建立专案管理卡和登记建档的方法，在幼儿园加强日常健康观察和重点生活护理，保护儿童健康成长。

一、管理原则

1.对入园体检和定期体检中发现的先天性心脏病、癫痫病、神经系统发育迟缓、常见畸形、轻度贫血等进行登记，督促家长及时带儿童到医院进行诊断和治疗，指导班级教师对患儿进行正确护理，并在一日生活中给予特别照顾。

2.对有高热惊厥史、哮喘史、食物和药物过敏史、脱臼史、带药的儿童予以登记，进行全面健康监护和生活护理。

3.向教师提供特殊护理儿童名单和每次复查结果，指导教师在一日生活各环节对儿童进行特殊护理，如进餐、生活、运动等方面。

4.重视儿童心理行为保健，开展儿童心理卫生知识的宣传教育，发现心理行为问题的儿童，及时告知家长，请家长带领儿童到医疗保健机构进行诊疗。

二、管理要求

（一）先天性心脏病儿童的管理

1.先天性心脏病影响儿童生长、发育，加强对这类儿童的特殊照顾和护理，有利于控制并发症，改善儿童的健康状况。因此，要对园内先天性心脏病患儿在实施手术根治前，建立体弱儿登记，进行重点看护。

2.根据患儿的具体情况制订活动强度、活动量及时间。由一名教师专门负责照顾患儿的生活及活动。

3.加强各生活环节的护理，根据天气变化随时增减衣物，减少呼吸道感染疾病的发生。

4.根据卫生部规定按时接受预防接种，提高机体的免疫力。

5.患儿根治手术后进行结案，纳入正常儿童管理。

（二）癫痫儿童的管理

1.癫痫病会影响儿童精神及智能发育，应控制癫痫发作，减少脑损伤、避免因癫痫发作而引发的其他问题。因此，对园内已经确诊或疑似癫痫病的儿童建立体弱儿登记，进行重点看护。

2.由一名教师专门负责照顾患儿的生活及活动，随时观察患儿全天的精神、情绪有无变化，避免因癫痫发作而出现其他问题。

3.加强对癫痫患儿的生活护理，注意正常饮食，掌握好进食量，不要吃得过量；保证其充足的睡眠；避免紧张、兴奋及剧烈运动；不要攀高或在水边玩耍，随时警惕患儿突然发作时发生意外事故。

4.密切与家长联系，详细询问和观察发作特点、持续时间以及可能诱发的因素，以便能采取措施、减少癫痫发作次数。

5.督促家长遵从医嘱，按时给患儿服药，不得随意停药。

6.教师要关心、爱护患儿，不歧视患儿，儿童离园后结案。

（三）生长迟缓儿童的管理

1.对园内神经系统发育落后于同龄儿平均水平的儿童建立体弱儿登记，进行重点看护，使他们在园内得到特殊的照顾和有针对性地训练，促进其智力和生活能力的提高。

2.由一名教师专门负责照顾患儿的生活及活动，在吃饭、穿衣、大小便、活动中给予特别照顾。

3.根据神经系统发育迟缓类型与程度，安排该类儿童的活动和有针对性地进行功能训练，并有专人负责儿童安全。

4.经常与家长沟通儿童情况，进一步进行治疗和训练。儿童离园后结案。

（四）常见畸形儿童的管理

1.对患有唇裂、腭裂、四肢畸形的儿童建立体弱儿登记，进行重点看护，并按照畸形种类、程度制订具体的措施。由一名教师专门负责对该类儿童在生活上给予特殊照顾。

2.对于唇、腭裂儿童在吃饭、喝水时，应该给予充足的时间，不能催促，以免出现误吸，发生危险。

3.对四肢畸形儿童，要根据畸形的程度决定儿童参加活动的种类和强度，注意安全，避免发生意外事故。

4.保教人员应有爱心，爱护、照顾畸形儿童，并教育其他儿童尊重、关心他们，不得歧视，为畸形儿童创造良好的生活环境，在儿童离园后结案。

（五）高热、惊厥病史儿童的管理

高热、惊厥是儿科常见急诊之一，复发率较高，如不能及时得到救治，对儿童危害极大。高热、惊厥反复发作可造成大脑的损伤和智力减退。因此，加强对有高热、惊厥病史儿童的特殊护理尤为重要。

1.通过入园登记，向家长了解儿童有无高热、惊厥病史，进行登记。将该儿童作为重点护理对象。

2.对于入园前没有高热、惊厥病史，但入园后在家或在园内发生过高热、惊厥的儿童，也应与家长及时沟通情况，进行登记，将其作为重点护理对象。

3.了解每一名有高热、惊厥病史儿童的发病情况，并在该儿童入园前与家长签订有关事宜的协议书。

4.儿童在家发热或身体不适，应留在家中照料，不宜入园参加集体生活。

5.保健医每日进班巡视，了解有高热、惊厥病史儿童当天的身体健康状况，测量体温、观察其精神状态，并做好记录。

6.班内教师在晨、午、晚检和全天活动中也要密切关注有高热、惊厥病史儿童。午睡时，将其床位安排在教师附近，以便观察与照顾。

7.儿童在园内突发高热、惊厥，教师应在第一时间通知保健医、通知家长，同时保持儿童呼吸道畅通、进行物理降温，保护好儿童身体不再受到意外伤害。根据病情或家长要求，等待家长来园或送儿童去医院救治。

8.有高热、惊厥病史的儿童在园时进行重点关注，离园后结案。

（六）哮喘病史儿童的管理

1.通过入园登记，向家长了解儿童有无哮喘病史，进行登记，将其作为重点护理对象。

2.对于入园前没有哮喘病史、但入园后发生过哮喘的儿童，也应与家长及时沟通情况，进行登记，将其作为重点护理对象。

3.哮喘病发作期间或身体不适，应留在家中休息，不宜入园参加集体生活。

4.保健医每日进班巡视，了解有哮喘病史儿童当天的身体健康状况，观察其面部、呼吸及精神状态，并做好记录。

5.班级教师在晨、午、晚检和全天活动中也要密切关注有哮喘病史儿童，尤其是活动中和午睡时。

6.儿童在园内突发哮喘，教师应在第一时间通知保健医和家长，同时保持儿童呼吸道畅通。根据病情或家长要求，等待家长来园或送儿童去医院救治。

7.有哮喘病史的儿童，在其离园后结案。

（七）脱臼史儿童的管理

儿童由于年龄小、韧带松弛、关节窝浅，受到外力牵拉后易造成脱臼，如习惯性脱臼对儿童的健康会有影响。

1.通过入园登记，向家长了解儿童有无脱臼史，进行登记。将有脱臼史的儿童作为重点护理对象。

2.对于入园前没有脱臼史、但入园后发生过脱臼的儿童，也应与家长及时沟通情况，进行登记，将其作为重点护理对象。

3.指导班级教师在组织儿童活动时多加关注，不要牵拉儿童手臂，并提示其他儿童也不要对其用力拉扯。

4.如发生儿童一侧手臂疼痛、下垂、不能动时，可初步判断为脱臼，不要强行牵拉，应相对固定后送医院复位。

5.有脱臼病史的儿童在园时进行重点照顾，待其离园后结案。

（八）食物及药物过敏儿童的管理

1.通过入园登记，向家长了解儿童有无食物及药物过敏史，进行登记。将有过敏史的儿童作为重点护理对象。

2.对于入园前没有食物及药物过敏的、但入园后新发生的儿童，也应与家长及时沟通情况，进行登记，将其作为重点护理对象。

3.对已由医院确诊对某种药物过敏的儿童，如在园内突发疾病需要由幼儿园送医院治疗时，护送教师应能代替家长向医院提供该儿童对某种药物过敏的情况。

4.对已由医院诊断对某种食物过敏的儿童，除了进行登记外，由保健医提供营养成分相近的食谱、食堂单独为过敏儿童制作。

5.保健医整理后需向食堂和班级教师提供过敏儿童名单，给予重点护理。有食物及药物过敏史的儿童在园内进食后重点关注，待其离园后结案。

6.班级教师要了解本班食物过敏儿童及其过敏的食物，照顾好儿童进餐。

（九）带药儿童的管理

在园儿童因身体稍有不适来园时，可以按照幼儿园规定的要求和范围带药，由班级教师负责喂服。

1.儿童所服药品必须是经保健医查收、登记后送到各班，并由教师核对签收的，没有经由保健医登记送收的药品一律不得给儿童服用。

2.保健医要详细查验家长是否按要求填写服药条，服药条与所带药物的名称、服用方法、服用时间、剂量是否一致，如有不清楚或存在疑义的，不能送到班里。

3.班级教师收药时，应先核对儿童姓名、药品名称和数量，并在登记本上登记、签收。

4.班级教师收药后，应将每个儿童所带药品分别放在固定的地方或不同的袋子中，并将其服药条别在该药袋外。

5.班级教师喂儿童服药时，再次核对儿童姓名、药品名称、服用方法、服用时间、服用剂量，并在服药条上教师处签字。

6.教师喂儿童服药后，将家长填写的服药条反面朝外夹好。

7.儿童服药后，药条和药品包装保留3天。

8.全天活动中，带班教师要全面观察儿童的身体状况、精神状况、有无异常和变化，发现问题及时报告保健医。

9.教师对带药儿童进餐、睡眠、活动、大小便等情况进行观察，并做好记录。

10.带药儿童服药后如有异常反应，由班级教师及时向保健医反映，保健医向家长及时反映。

第十章　儿童意外伤害管理制度

保护儿童安全，预防和减少幼儿园内各种意外伤害的发生，是幼儿园一切工作的首位。因此，幼儿园一定要保障好在园儿童的生命安全。

一、管理方法

1.对全体儿童及儿童所接触的环境、食物、玩具、用品进行管理，以保护儿童安全，预防和减少各种意外伤害的发生。

2.健全幼儿园各项安全制度，建立火灾、暴力等突发事件的应急预案，儿童外出及大型活动前有安全预案，确保儿童生命安全。

3.每月对全体教职工进行安全教育，增强安全意识；每学期对教职工进行预防儿童伤害相关知识和急救技能的培训；每学期组织预防火灾、突发事件的安全演练，提高教职工的自我保护和急救的能力。

4.结合案例对儿童开展多种形式的安全教育活动，提高儿童的自我保护能力。由班长负责，每周至少一次。

5.保健医每月对全园所有大型玩具进行检查，每次检查有记录（记录发现玩具损坏及修好的时间），发现安全隐患，及时采取停用措施，并报告安全负责人。

6.保健医每月对儿童活动场所和儿童所使用的物品进行安全检查，发现安全隐患，及时与教师沟通、进行纠正，并做好记录。

7.保健医每月对园内安全环境进行检查，包括大块石头、大树枝、铁丝、钉子、玻璃等有可能危害到儿童健康的物品。

8.每周周末，各班班长负责对班里所有儿童玩具及用品进行清理，对破损的、影响儿童安全使用的玩具及时清出，并上报园安全负责人。

9.保健医随时进班观察有无不安全因素，并及时提出改进意见和建议。

10.发生安全事故时，要进行登记、分析，并填写登记册。

二、安全要求

（一）加强晨、午检

认真进行入园晨检，教育儿童不带食物和不安全的物品来园；加强儿童午睡前的检查，不带任何物品上床，以免造成误塞、误吞等意外伤害。

（二）活动场所安全

1.清除园内场地、房屋内外一切不安全因素及隐患，室外大型玩具下的地面应松软，游戏活动场地宽阔、干净、平坦，地面无积水，周围无障碍物及危险物品。

2.儿童上、下楼梯注意安全。户外活动时，必须有2名教师在场，绝不可以由一名教师组织儿童活动。

3.室内暖气应加罩，防止发生烫伤。要经常检查电器、电线是否漏电，室内电器插座应安装在1.6米以上的位置。儿童的所有活动均应在教师的视线范围内，教师要掌握全班儿童的活动情况。

4.避免儿童接触化学清洁剂及试剂（化学清洁剂用完拧紧盖子、放置在高处的柜子里），不能让儿童使用有消毒液的抹布。

5.禁止儿童进入开水间、食堂等存在危险的场所（由各班教师及危险场所的工作人员负责）。

6.大型玩具每月进行检修。如存在不安全隐患，应停止使用（要有禁止使用的明显标识和措施）。每次使用大型玩具前，教师要向儿童讲清正确的玩法和安全要求，要组织适合儿童年龄的活动。

7.远离施工场所。遇有恶劣的风雨天气时，要减少外出，防止因冰雹、树枝坠落及雷电对儿童造成的伤害。

8.任何车辆，特别是机动车、电动车，不得擅自驶入或停留在园内活动场所。

（三）生活、教学用具安全

1.入园时及午睡前，检查儿童衣袋内有无小刀、钉子、扣子等危险物品。

2.电器插销及电源插座要安置在儿童摸不到的地方。临时使用的电器，也要注意安全（如儿童在园时不得使用紫外线灯）。

3.热水瓶（壶）、热汤锅、电器、火柴、成人用剪刀等有安全隐患的物品，要存放在儿童看不到、拿不到的地方。热饭菜、热汤锅、热水、热奶壶等不得从儿童头部上方经过，以免发生烫伤。

4.儿童饮用的开水、牛奶、漱口水及冬季洗手水的温度要适宜。用之前，教师应先试好温度，再给儿童用。

5.学习用的大头针、图钉、刀子、剪子等物品，由教师统一保管、使用。用后及时收好。墙上粘画等，原则上不用大头针扎。特殊情况使用时，应在儿童摸不到的地方。

6.儿童使用的铅笔不能削得太尖，用后统一收好。教育儿童不写、不画时，将笔放在桌子上，不能拿着笔做其他事情。

7.园内新购玩具、家具时，保健医要参与意见，考虑有无卫生及安全隐患等问题。

（四）药品安全

1.儿童在园服药，由家长统一将药交给保健医，同时填写服药条。服药条上注明日期、班级、儿童姓名、带药名称、剂量、用法、服药时间和家长签字。

2.保健医审核所收药品和服药条，登记后，送到各班签收，并对昨日儿童服药情况进行检查。

3.为确保儿童用药安全，抗生素、保健药品、自行熬制的汤药、眼药水及没有填写服药条或填写项目不全、不清楚的，幼儿园可以拒收、拒服。

4.教师收药后，将儿童药品和服药条放入药盒内（一人一格）。服完药后，服药条及药品外包装放入药盒保留3天。

5.儿童带药只限一天的药量，收药教师要认真进行核对，在服药条上分别签字。服药前，要再次核对儿童姓名与药名。服药后，教师应将儿童服药情况记录在交接班记录上，不得出现漏服或错服现象。

6.儿童服药（包括预防接种）后，所在班教师应加强重点观察，发现异常，及时与保健医、家长联系。保健医进班时，要进行观察或询问。

7.教师的药不得与儿童的药混放，班级教师的个人用药要单独保管好（放在柜子的包内），避免儿童误服。

8.班级小药箱内体温计要妥善放置，防止体温计摔坏后水银外流。如果遇到这种情况，应全部及时回收。

（五）化学清洁剂安全

班里不得存放剧毒药品。消毒剂、洗涤剂、洁厕灵等化学清洁剂要妥善保管，固定放置在盥洗室内儿童不能碰到的地方（盥洗室内最里面柜子的上层）。灭蚊蝇药，周五下班后使用，周一早上收回。

（六）食品卫生安全

1.加强食品卫生安全管理，防止发生食物中毒。

2.吃带骨、带刺、带核的食物时，教师要根据儿童年龄给予帮助和细心关注，特别是小班的儿童。

3.培养儿童良好的卫生习惯，进餐时保持安静、细嚼慢咽，防止食物呛入气管。

4.保教人员不得以培养儿童"劳动意识"为名，让儿童单独送、取餐具及下楼倒垃圾等。

（七）室内温度

1.夏季统一时间开启空调，室内温度不得低于28℃。空调在使用期间保持清洁，每周清理空调过滤网上的灰尘。安排人员定期清理空气净化器过滤网。

2.使用电扇、空调时，应注意不能直吹儿童，保持电扇、空调的清洁与卫生。

3.冬季暖气开放时，活动室内温度不低于18℃。儿童入睡前，应关闭门窗，注意卧室的保暖。

（八）防止儿童走失

1.严格执行幼儿园儿童接送制度，家长持儿童接送卡入园。

2.家长换人接孩子时，应提前和教师打招呼。教师经电话与家长核实后，再将孩子交付来人，来接孩子的人应在交接班记录上签字。

3.外出活动时随时清点人数（外出时、上下车时、返回时）。教师每日交接班时也要清点人数，并及时记录在交接班登记册上。

4.组织儿童外出活动时，教师要把安全工作放在首位。每次外出活动均要有活动预案，以确保儿童安全。

（九）急症处理

儿童患急病、重病时，要及时通知家长。家长短时间内不能来园时，园内要妥善处理，如服用药品应征得家长同意，必要时由保健医陪护，将病儿送往医院。

三、外伤处理

1.保教人员要熟练掌握外伤的应急处理方法，学会紧急止血、骨折患儿的搬运等要领。儿童发生轻微外伤时，将儿童安全送到保健室处理。不要搬动伤情较重者，应及时通知保健医到现场进行紧急处置。

2.保健医根据儿童受伤部位及程度妥善处理，严格消毒，预防感染。不需转院的要注意观察。需转院时，及时与家长联系，妥善处理后安全护送患儿去医院。

3.保健医要熟练掌握急救常识，不得出现差错、事故（详见《北京市幼儿园卫生保健工作常规》）。

第十一章 家长联系管理制度

教师应与儿童家长经常联系，了解儿童居家的卫生习惯和饮食习惯，并将儿童在园的健康情况与家长沟通，让家长了解幼儿园卫生保健工作的开展，争取家长对园所卫生保健工作的支持与配合，促进儿童健康成长。

一、建立家长联系制度

1.幼儿园每学年召开一次家长会，向新生家长介绍幼儿园卫生保健工作的管理内容和工作开展情况，取得家长的配合和支持。

2.每学年组织一次专家讲座，讲授有关儿童健康与成长的相关内容，回答家长的问题，接受家长的健康咨询。

3.每学年组织一次家长调查问卷，了解家长对幼儿园卫生保健工作评价、意见及需求。

4.每学期召开家长会，向家长介绍幼儿园卫生保健工作，并进行卫生保健和防病知识的宣传。

5.每月召开有家长代表参加的儿童伙食委员会，研究儿童膳食与营养，听取家长对幼儿园伙食工作的意见和建议。

6.儿童在园体检、体测后，及时向家长公布体检分析结果与信息。

二、联系内容

1.每天统计缺勤人数和原因，对因病缺勤的儿童进行追踪，发现传染病，尽早采取有效措施。

2.儿童在园出现意外、疾病或服药、预防接种等问题时，及时与家长联系。

3.儿童不良习惯矫正、龋齿、视力低常矫治等需要家长配合的，及时与家长联系。

4.加强和体弱儿家长的沟通与配合，及时向家长了解儿童在家的饮食与运动情况。

5.取得家长的支持，解决个别儿童的问题。

6.向家长介绍幼儿园卫生保健工作，并进行卫生保健和防病知识的宣传。

7.征求家长对幼儿园卫生保健工作的意见和建议。

8.充分利用幼儿园现有条件，开展多种渠道和形式与家长进行联系，如电话、短信平台、微信群、网站、电子屏幕、家长联系簿、书信、宣传橱窗、专题讲座，以及家长会、半日开放活动等。

第十二章　保健室安全管理制度

1.保健医要妥善保管好所有药品、医疗器械等物品，内服药与外用药要严格分开存放。除保健医保管、使用外，其他人员一律不得自取。保健室物品一般情况下不外借。

2.保健医对购入药品（非处方药）要进行登记入库。每月按时检查药品是否过期、变质。严禁给儿童服用过期、变质的药品。

3.对于非正规、非原包装及停止使用的药品一律拒收、拒购，所购药品、物品要求由正规药厂生产、有药品使用说明、有生产日期及保质期，进药渠道正规。

4.保健医熟练掌握一般常见病的用药范围（一般情况下，保健室仅准备非处方类的儿童退热贴）、儿童用药剂量和药物的副作用，做到合理用药，避免出现医疗事故和用药差错。幼儿园用药规定：只给中午服用一次的用药量，其次只允许带有OTC标志的非处方类独立包装的药物。大包装的药物，如糖浆类药物一律不允许带入幼儿园。消炎类、抗病毒类、保健类、中药类、退热类、外用类药物一律不允许带入幼儿园。家长必须在家填好服药条，经保健医审核后，方可在园服用。家长在保健室做好登记后，方可离开。保健医再把药品及服药条交给班级教师。

5.儿童在保健室用药，应先取得家长的同意。保健医应做好诊疗用药记录（幼儿园晨检及全日健康观察登记册），备查，用药后告知教师或家长。

6.上班时间内，保健室无人时，随时锁门。下班前，进行室内安全检查，电器用后关闭，切断电源、水源，锁好门窗。

7.每月负责检查各班儿童带药、小药箱、化学清洁剂物品的使用、放置是否安全，发现问题，及时督促班级教师改正。

第十三章　儿童晨、午、晚检制度

一、晨检

儿童每日入园前如出现腋下体温≥37.3℃或有流感样症状（如流涕、鼻塞、咽痛、咳嗽、头痛、肌痛、乏力、呕吐、腹泻等），应及时向幼儿园报告，并按有关规定就医排查。

保健医、班级教师共同负责儿童晨检工作（图2-1、图2-2），坚持做到：一测，测量体温；二看，咽部、皮肤和精神面貌；三问，饮食、睡眠、大小便情况；四查，有无携带不安全物品；五发，发放健康标志卡（绿色卡代表健康，黄色卡代表重点关注，红色卡代表回家观察）。发现问题，及时处理并记录。

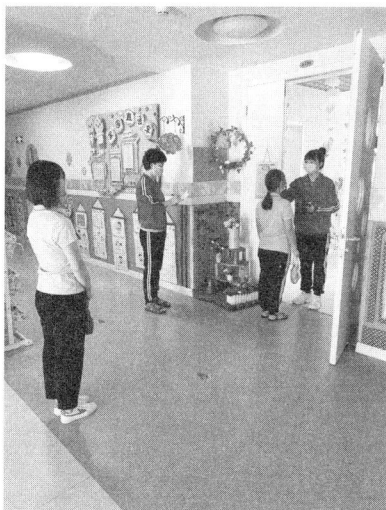

图2-1

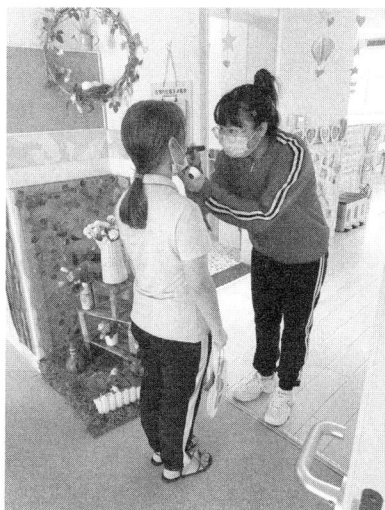

图2-2

二、午检

班级教师负责儿童午检工作（图2-3、图2-4），坚持做到：一测，测量体温；二看，儿童盖被、入睡、睡姿等情况；三查，有无携带不安全物品。发现问题，及时处理并记录、上报。

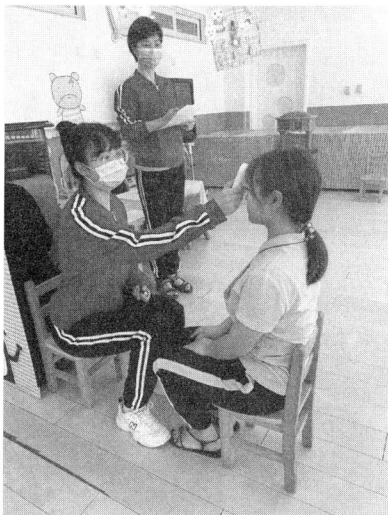

图2-3

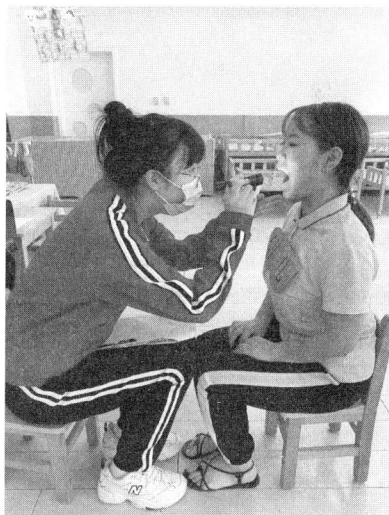

图2-4

三、晚检

班级教师负责儿童晚检工作（图2-5、图2-6），坚持做好：一测，测量体温；二看，咽部、皮肤和精神面貌；三查，有无携带不安全物品、衣物是否整洁。发现问题，及时处理并记录、上报。

晨、午、晚检时，工作人员要佩戴口罩，出现疑似病例或确诊病例，立即启动疫情突发应急预案，在疾控机构指导下采取疫情防控处置措施，并配合相关部门做好密切接触者的排查及管理工作。

图2-5

图2-6

第十四章　幼儿园消毒制度

幼儿园设有卫生消毒工作小组，落实分区、分班卫生责任制。由后勤园长担任组长，指挥、部署、组织和检查各项卫生消毒措施的落实情况。定期组织消毒小组成员进行卫生消毒培训，确保相关工作人员能够准确配制常用浓度的消毒剂并会正确操作，同时做好培训登记、资料留存工作。

一、消毒的方法及要求

（一）化学性消毒
含氯消毒液，包括健之素消毒片和84消毒液。

（二）物理性消毒

蒸汽消毒：温度达到100℃后消毒20分钟，远红外热力消毒温度达到120℃后消毒20分钟。要求对消毒柜内温度进行监测。

（三）室内通风换气

尽可能打开门窗，促进空气流通。每日通风至少3次，每次不少于30分钟。做好空调与通风设施的定期清洁工作，过滤网与过滤器定期清洗，整个系统至少每学期彻底清洗一次。

（四）紫外线消毒

紫外线灯由专人负责。操作人员会正确使用。在使用时，穿好防护服，戴好防护眼镜，防止对人体造成伤害。对园内的每台紫外线灯车按照车及灯管进行编号，每次使用后及时登记。灯管累计使用达到1 000小时，需及时更换新灯管。如过程中发现灯管损坏，要及时更换。

二、消毒液配比及具体消毒

（一）消毒液配比

疫情期间加大消毒浓度，用84消毒液或健之素消毒片配制成500毫克/升含氯消毒液，可以进行物体表面擦拭，或者采用75%酒精擦拭。地面消毒配比为84消毒液或健之素消毒片1 000毫克/升含氯消毒液。

（二）园内各场所卫生与消毒

1.体育运动设施应定期进行湿性清洁消毒。

2.电脑的键盘和鼠标定期用75%的酒精（乙醇）清洁消毒。其他的办公设施，如传真机、激光打印机和电话的清洁与消毒也可以用上述方法处理。

3.加强儿童个人用品消毒，包括玩具、毛巾等，用有效氯250毫克/升的含氯消毒液浸泡30分钟，再用清水冲洗干净，放在通风处晾干。每周至少进行1次玩具清洗与消毒，每周图书翻晒1次。玩教具表面应定期清洗、消毒，有缝隙的玩具可用刷子刷洗。所有毛绒类、不易清洗消毒的玩具全部封存库房，暂不使用。

4.对教室、宿舍、办公室、图书馆、活动场所、浴室、保健室、电梯等的地面、墙壁及经常使用或触摸的物体表面，如门窗、桌椅、门把手、洗手池等，每天湿性清洁、消毒（图2-7~图2-10）。垃圾做到日产日清。

（三）卫生间便器等卫生与消毒

1.卫生间做到清洁、通风、无异味。有条件的幼儿园要安装排风扇。每日定时打扫，保持地面干燥。地面每天不少于2次用清水拖擦，清洁、消毒。便器每次用后及时清洗干净，同时做好记录。

2.幼儿园公用马桶、便池必须每天消毒，可以用含有效氯500~1 000毫升消毒剂浸泡30分钟。

（四）诊疗用品卫生与消毒

1.体温计使用75%酒精（乙醇）溶液浸泡消毒3~5分钟。

2.听诊器、血压计等物品用有效氯含量为250~500毫克/升的消毒溶液擦拭、消毒，然后用清水抹布擦去残留的消毒剂。

3.红外线测温仪（额温枪）的探头可用75%酒精（乙醇）擦拭、消毒。

三、个人卫生与消毒

（一）儿童

1.保证园内每位儿童两套毛巾，每人每日一巾，每日一消毒，交替使用。毛巾定点悬挂，保持一定间距，无重叠。要求儿童餐前、便后用消毒洗手液、流动水洗手。

2.提醒家长每周为儿童剪1次手指甲，每两周剪1次脚趾甲。

3.儿童牙膏、牙刷、牙杯个人专用，不混淆。儿童每次用过之后，保育员指导并帮助其进行清洁、整理。牙刷存放时，刷头朝上，保持干燥、清洁。牙杯随时保持清洁，每周高温消毒1次（每周五由班级教师洗刷干净后，送到食堂消毒）。每3个月换1次牙刷。如发现损坏，也可以随时更换。

4.儿童被、褥专人专用。每两周让家长带回清洗、消毒床单、被罩、枕巾1次。如意外被污染时，要及时清洗，保持被褥的清洁与干燥。

5.培养儿童良好的卫生习惯，加强盥洗室管理，教师指导儿童分批次盥洗。盥洗室室内设置地面1米线排队标识，墙上张贴"七步洗手步骤图"。饭前、便后用流动水洗手。户外活动后及时洗手。小班儿童早餐、晚餐后用清水漱口，午餐后用清水刷牙；中、大班儿童早餐、晚餐后用清水漱口，午餐后用牙膏刷牙。

（二）成人

1.教职工要保持仪表整洁，勤洗澡、洗头、理发、剪指甲，不戴戒指、手镯和耳环，不得染指甲、留长指甲。在幼儿园内禁止吸烟。

2.保育员在每次分餐前用洗手液或香皂流动水洗手。分餐时要穿开饭服、戴帽子、手套和口罩。

3.食堂工作人员工作前、分餐前及便后要用洗手液或香皂流动水洗手。餐前和进分餐间要戴口罩及一次性手套。食堂工作人员炒菜时要戴口罩，品尝时要用专用餐具。

4.食堂工作人员工作服要专用，如厕及离开时必须脱下，不得穿出。工作服每日清洗消毒，随时保持工作服干净、整洁。

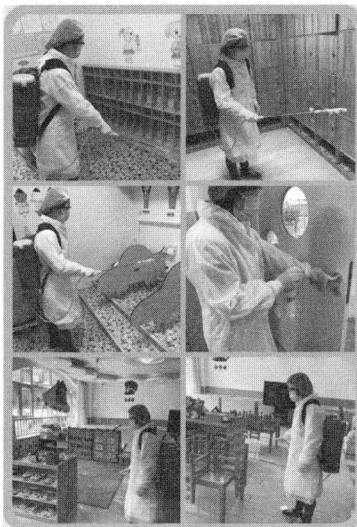

图2-7

图2-8

图2-9

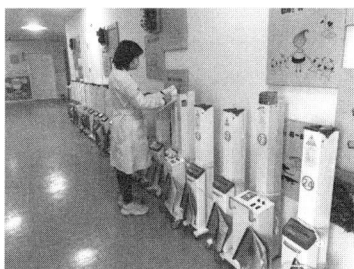

图2-10

四、食堂卫生与消毒（图2-11~图2-13）

1.儿童饮水杯、奶杯每人专用，每天一消毒。

2.用餐后，将用过的餐具送食堂进行清洗及高温消毒。

3.留样盒使用前高温蒸汽消毒，存放时放在保洁柜内。

4.保洁柜每天用浓度为有效氯250毫克/升的消毒液擦拭消毒。

5.食堂操作间内要保持清洁、整齐。清洁工具专用，面案、菜案、鱼案、肉案、餐具柜和地面要经常擦拭，保持清洁并进行消毒，做到一用一消毒。非食堂工作人员禁止入内。

6.炊事用具及容器要严格做到生熟分开、成品和半成品分开，设置的洗菜池、洗肉池、洗水果池标识清楚，容器专用。用后洗净、消毒，消毒后保存在保洁柜中，防止二次污染。炊事用具用蒸箱及远红外线由专人负责消毒，记录消毒时间。

7.瓜果要洗净、削皮，盛水果盘及装盘的盆每天要洗净并消毒。食物要保证新鲜、干净，不得加工和食用腐烂、变质的食物。

8.库房要保持干燥、凉爽、通风。有防蝇、灭蟑、防鼠设施。食品入库时，要及时填好食品的生产日期、保质期、失效期和进货日期。如有苍蝇、蟑螂和老鼠，要及时消灭。

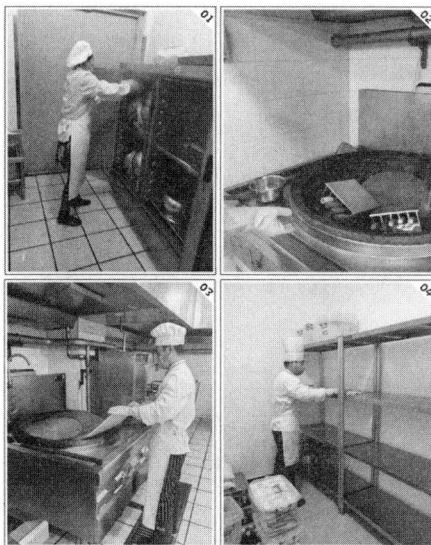

图2-11

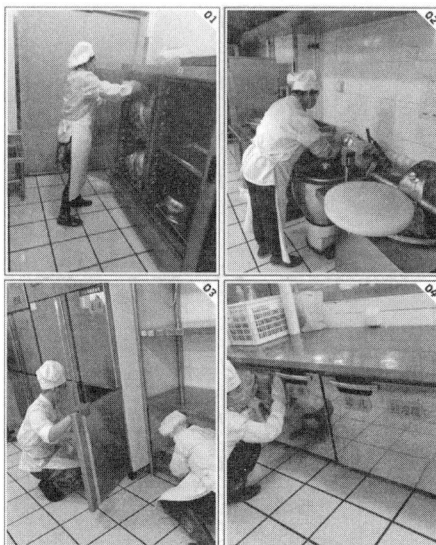

图2-12

图2-13

五、注意事项和有关要求

1.加强酒精、消毒液等的管理，加大安全使用常识培训。

2.做好个人防护，消毒时戴好口罩、手套等防护用具。

3.消毒剂放置于阴凉通风处，避光、防潮、密封保存。

4.定期检查消毒剂有效期限，做到专人妥善保管，标识明确，避免儿童误食。

5.食堂工作人员的工作服定期洗涤、消毒，用有效氯250毫克/升的含氯消毒液浸泡30分钟，然后常规清洗。

6.安排专人负责幼儿园清洁、消毒工作，包括清洁消毒用品的管理、组织实施、工作监督等。妥善保管消毒剂，标识明确，避免儿童误食或灼伤。

第十五章　儿童传染病隔离制度

一、隔离室管理

1.由专业保健医在隔离室配齐相应的隔离专用物品，用于暂时隔离身体不适的儿童、教职工。

2.疑似传染病人员应分开隔离，以防交叉传染。

3.保健医负责隔离室消毒物品及医用物品的保管与及时补给工作，并按要求做好隔离室的卫生消毒（含氯消毒液喷洒及擦拭）。

4.保健医或陪护人员进出隔离室时，必须做好消毒和防护措施。其他人员不得擅自进入。

二、隔离人员管理

1.师幼一旦出现传染病可疑症状时，应立即送往幼儿园隔离室（图2-14、图2-15）。

2.保健医应密切观察隔离人员病情变化，对于发烧人员（体温≥37.3℃）可用冰袋或温水擦拭降温，同时做好记录并上报园领导。

3.及时通知家长，告知家长带领儿童到定点医院诊治（图2-16、图2-17）。

4.隔离人员呕吐物、排泄物需进行消毒处理，避免环境污染（图2-18）。

5.与隔离人员接触过的其他人员应做好消毒处理并进行跟踪观察。

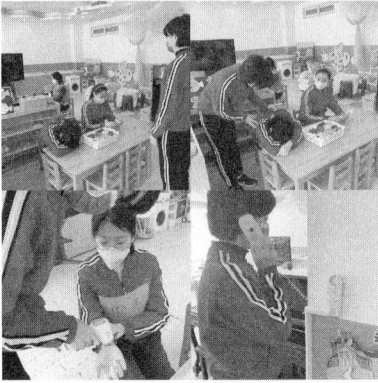

图2-14

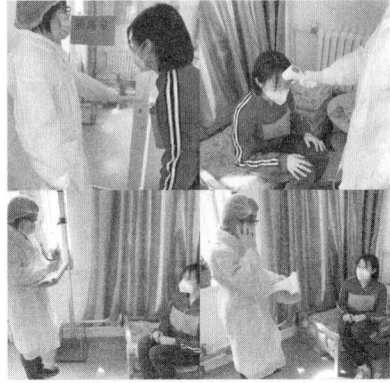

图2-15

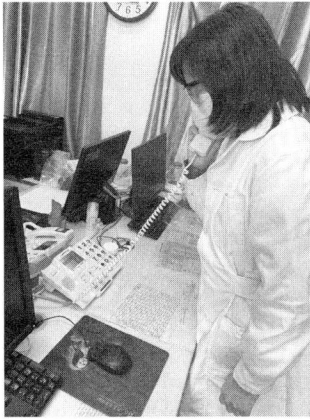

图2-16

图2-17

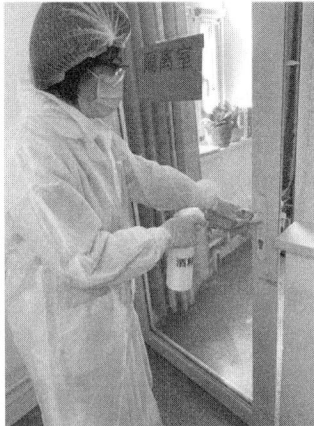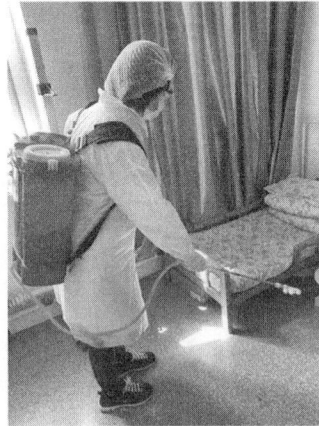

图2-18

第十六章 "日报告""零报告"制度

为了保障广大儿童及教职工的身体健康，构建以预防为主、防治结合的长效管理与应急处理机制，做到早发现、早报告、早隔离、早治疗，有效地防控各种儿童常见传染病的扩散和蔓延，结合我园实际，依据"责任到人"的原则，特制订本制度。

一、要求

每个人都要明确幼儿园传染病报告程序。

二、专人报告

幼儿园指定专人负责传染病的报告。

三、内部报告

幼儿园建立"日报告""零报告"制度。一旦发现班里儿童有传染病，统一由家长通过微信或电话形式将当天儿童健康状况告诉教师。保教人员统计好后，再向幼儿园传染病报告人报告。

四、外部报告

幼儿园传染病报告人分别向上级单位报告，实现"日报告""零报告"制度。

五、复园后报告制度

1.各班教师要严格执行"零报告"制度，坚持早发现、早报告，加强对信息的核实、收集和记录。

2.各班教师要高度重视，强化责任，明确职责，加强管理，不得出现退报、漏报、瞒报、不报的现象。

3.晨检、午检中一旦发现有儿童出现发热（腋下体温≥37.3℃）或有流感样症状（如流涕、鼻塞、咽痛、咳嗽、头痛、肌痛、乏力、呕吐、腹泻等），要立即报告。将儿童送至隔离室，并及时与家长联系，送往医院就诊。患儿接触的地方要进行预防性消毒，并且和他密切接触的人员都要进行隔离、追踪。

4.实施"零报告"制度，即使无意外事件发生，也必须每日报告。

5.坚持追踪及电话随访制度，教师要做到每日因病缺勤追访工作，如有异常及时向保健医上报。

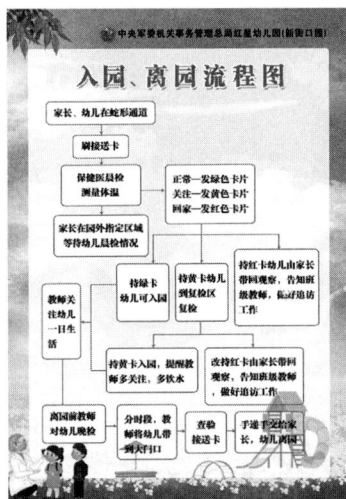

6.在家发现腋下体温≥37.3℃或有流感样症状（如流涕、鼻塞、咽痛、咳嗽、头痛、肌痛、乏力、呕吐、腹泻等）的儿童，要求其居家隔离治疗。

第十七章　儿童返园制度

一、入园准备

（一）健康准备

儿童及其家庭成员在京居家生活满14天，未接触过传染病确诊、疑似病例和返境人员，身体状况良好，无发烧、咳嗽、乏力等症状，没有患手足口、腮腺炎、结膜炎、水痘、麻疹等常见传染性疾病。

（二）资料与物品准备

《报告防控传染病承诺书》、北京健康宝、儿童床上用品、门禁卡等。

（三）习惯与能力培养

科学、合理地安排儿童一日作息时间，引导儿童养成良好的生活卫生习惯，学会正确佩戴口罩。

二、开园事宜

（一）关于儿童入园、离园（图2-19、图2-20）

开园时间视上级督导评估的实际情况再确定。

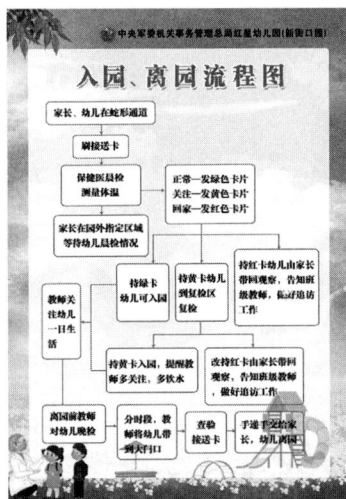
图2-19

图2-20

（二）关于儿童入园、离园时间（表2-5）

表2-5 入园、离园时间表

环　节	时　　间	班　组
入　园	7：30~7：40	大班组
	7：40~7：50	中班组
	7：50~8：00	小班组
离　园	17：15~17：20	小班组
	17：20~17：25	中班组
	17：25~17：30	大班组

三、注意事项

（一）关于到过疫区人员管理

按照北京市教委要求，从疫区或境外返京的儿童及家长（无论是否隔离14天），须经当地疾控部门按程序留观和健康评估，并进行核酸检测，合格后，才能返园。

（二）关于床上用品

提前晾晒、消毒儿童的床单、被褥，按班级要求贴上标签，入园时交给班级教师。

（三）关于"北京健康宝"

开园前，按要求进行"北京健康宝"查询，每日持续监测儿童及共同生活的家庭成员体温。

（四）关于佩戴口罩

由于儿童年龄较小，不能像成人一样坚持长时间佩戴口罩，但要求儿童在来园、返家的途中佩戴口罩。请家长务必培养儿童正确佩戴口罩的习惯和能力。

（五）关于接送儿童

开园后，每名儿童固定由1名家长负责接送。入园时需签订《安全责任书》。

（六）关于途中安全防护

来园、返家途中尽量步行或者驾驶私家车。如不得不乘坐公共交通工具，请加强防范。

第十八章　儿童接送制度

为确保儿童晨送、晚接有序进行，根据传染病防控要求，结合我园情况，特制订错峰、错时入园、离园制度。

一、入园、离园时间

表2-6　入园、离园时间表

环　节	时　间	班　组
入　园	7：30~7：40	大班组
	7：40~7：50	中班组
	7：50~8：00	小班组
离　园	17：15~17：20	小班组
	17：20~17：25	中班组
	17：25~17：30	大班组

二、具体规定

（一）家长接送路线

幼儿园门口设置蛇形接送区，张贴明确的接送人员等候距离标识，分段限流、儿童分批入园。家长限定在大门口等候，不得进入教室。在幼儿园大门口指定区域排队，前后间隔1米，按地面指示线路，从"入口处"进，从"出口处"出。

（二）测温与消毒

在幼儿园门口入园时，教职工及儿童进行体温测试和鞋底消毒。体温低于37.3℃且无咳嗽、呼吸不畅等症状的，经消毒后，方可入园。体温高于37.3℃或有异常症状的严禁入园，要求立即就医或居家隔离。晨检合格的儿童发放绿色健康标志卡，方可入园。稍有不适但不发烧的儿童发放黄色健康标志卡，提示教师全天重点关注。

（三）家长接送管理

由值班领导负责，保安、门卫落实。一星期固定由一位家长戴上口罩，凭接送卡，按班级排队，依次接送孩子。幼儿园实行封闭式管理，严禁无关人员出入。

（四）班级接送管理

晨间入园时，班级一名教师在指定区域，配合晨检人员做好接待工作。对于体温正常的儿童，直接送往班级或楼梯口，由楼梯口负责人员送往班级；对体温异常或者身体不适的儿童，告知儿童家长将儿童带离幼儿园。离园时，班级教师提前5分钟组织儿童到指定区域有序排队，等候家长依次交接（图2-21~图2-23）。

图2-21

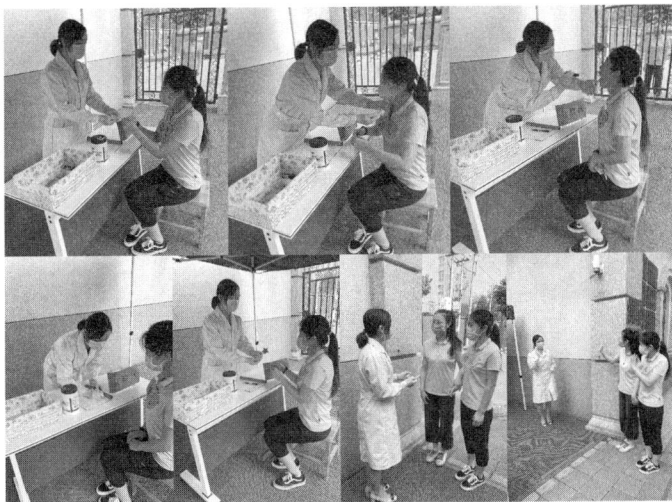

图2-22

图2-23

第十九章　因病缺勤登记和追访制度

1.各班主班教师关注本班儿童出勤情况，负责每天因病缺勤人数的统计与登记工作，并做好因病缺勤儿童的联系工作。在每日上午11点前将本班儿童和教师因事、因病缺勤情况报告给保健医（图2-24），由保健医进行疫情排查与统计。

图2-24

2.保健医上、下午各进班一次，巡查儿童健康状况，收集因病缺勤儿童病情并做好登记（表2-7）。

表2-7　××幼儿园××班因病缺勤儿童登记表

日期	姓名	班级	性别	年龄	主要症状	是否就诊	排查结果	保健医签名

3.病情追踪时，重点了解患病儿童及教职工病因、就诊医院、疾病名称、病情严重程度、有无传染病接触史、有无到过疫区及家庭成员健康状况等情况。

4.对于因病缺勤在家儿童，若家长未给儿童请假的，班级教师应主动与家长取得联系，了解儿童患病情况。

5.每日病情追踪通过家长或教职工微信、QQ自报或打电话的方式进行，直到病假人员病情康复或满医学隔离期为止。

6.全日观察过程中，若发现体温≥37.3℃或出现乏力、干咳等疑似症状者，立即带其到临时隔离室隔离观察或到医院就治，并做好病情追踪。

7.保健医进班巡查中若发现同一班级出现3例或3例以上相同症状者，如发烧、干咳、口腔疱疹等疑似症状，应按要求上报园分管领导和上级部门。

8.对于边治疗边要求入园的病假儿童，保健医或班级教师要做好说服、劝阻工作，让其在家中休养、治疗，疾病痊愈后返园。

9.第一发现人发现异常人员时，应按要求逐级上报。疫情报告人接到报告后，应及时追查异常人员的患病情况及可能的病因，以做到尽早发现传染病病人。如第一发现人漏报、瞒报引起相关传染病的流行，其责任由漏报、瞒报者负责。

10.安排专人负责与接受隔离的教职工或儿童家长联系、沟通，掌握其健康状况。

第二十章　垃圾分类制度

北京市将生活垃圾分为厨余垃圾、可回收物、有害垃圾、其他垃圾四大类。垃圾分类处理是指将垃圾按"可回收再使用"和"不可回收再使用"的分类法进行分类处理，通过垃圾分类处理可以回收垃圾中的可回收再利用资源，减少浪费，同时减少填埋和焚烧垃圾所消耗的能源。加强垃圾分类管理，按照国家标准配备相应的垃圾容器。垃圾做到日产日清。日常使用过的废弃口罩消毒后，按照生活垃圾处理。做好垃圾盛装容器的清洁和消毒工作，可用有效氯250毫克/升的含氯消毒剂定期对其进行消毒处理。

我园根据北京市垃圾分类的相关规定，在园内公共区域、室外、班级分别设置了不同类别的垃圾桶，严格执行相关规定，并对儿童和教职工进行垃圾分类方法的介绍，在班级内开展相关的主题活动，并创设主题墙饰，强化垃圾分类意识（图2-25~图2-27）。

图2-25

图2-26

可回收物	厨余垃圾	有害垃圾	其他垃圾
废纸	蔬菜瓜果	废电池	受污染纸张
废塑料	腐肉	废荧光灯管	受污染玻璃
废金属	肉碎骨	废温度计	受污染塑料制品
废包装物	蛋壳	废血压计	受污染废旧衣物
废旧纺织物	畜禽产品内脏	废药品及其包装	破旧陶瓷品
废弃电器	蟹壳	废油漆	妇女卫生用品
废弃电子产品	树叶	废溶剂	一次性餐具
废玻璃	蛋糕	废杀虫剂	烟头
废纸塑铝复合包装	面包	废胶片	灰土

图 2-27

一、厨余垃圾

是指家庭生活中产生的菜帮儿、菜叶、瓜果皮核、剩菜、剩饭、废弃食物等易腐性垃圾；从事餐饮经营活动的企业和机关、部队、学校、企业、事业等单位集体食堂在食品加工、饮食服务、单位供餐等活动中产生的食物残渣、食品加工废料和废弃食用油脂，以及农贸市场、农产品批发市场产生的蔬菜、瓜果垃圾、腐肉、肉碎骨、水产品、畜禽内脏等。其中，废弃食用油脂是指不可再食用的动、植物油脂和油水混合物。

二、可回收物

是指在日常生活中或者为日常生活提供服务的活动中产生的，已经失去原有全部或者部分使用价值，回收后经过再加工，可以成为生产原料或者经过整理可以再利用的物品，主要包括废纸类、塑料类、玻璃类、金属类、电子废弃物类、织物类等。

三、有害垃圾

是指生活垃圾中的有毒、有害物质，主要包括废电池（如镉镍电池、氧化汞电池、铅蓄电池等），废荧光灯管（如日光灯管、节能灯等），废温度计，废血压计，废药品及其包装物，废油漆、溶剂及其包装物，废杀虫剂、消毒剂及其包装物，废胶片及废相纸等。

四、其他垃圾

是指除厨余垃圾、可回收物、有害垃圾之外的生活垃圾，以及难以辨识类别的生活垃圾。

第三篇 流程篇

第一章 传染病报告流程图（图3-1）

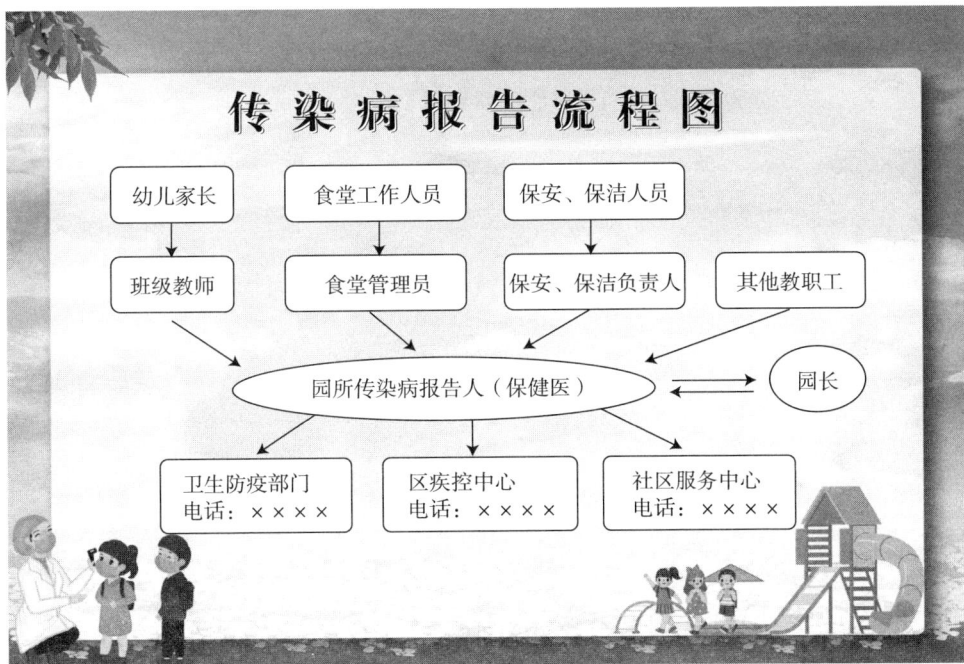

图3-1

第二章 幼儿传染病预防流程图（图3-2）

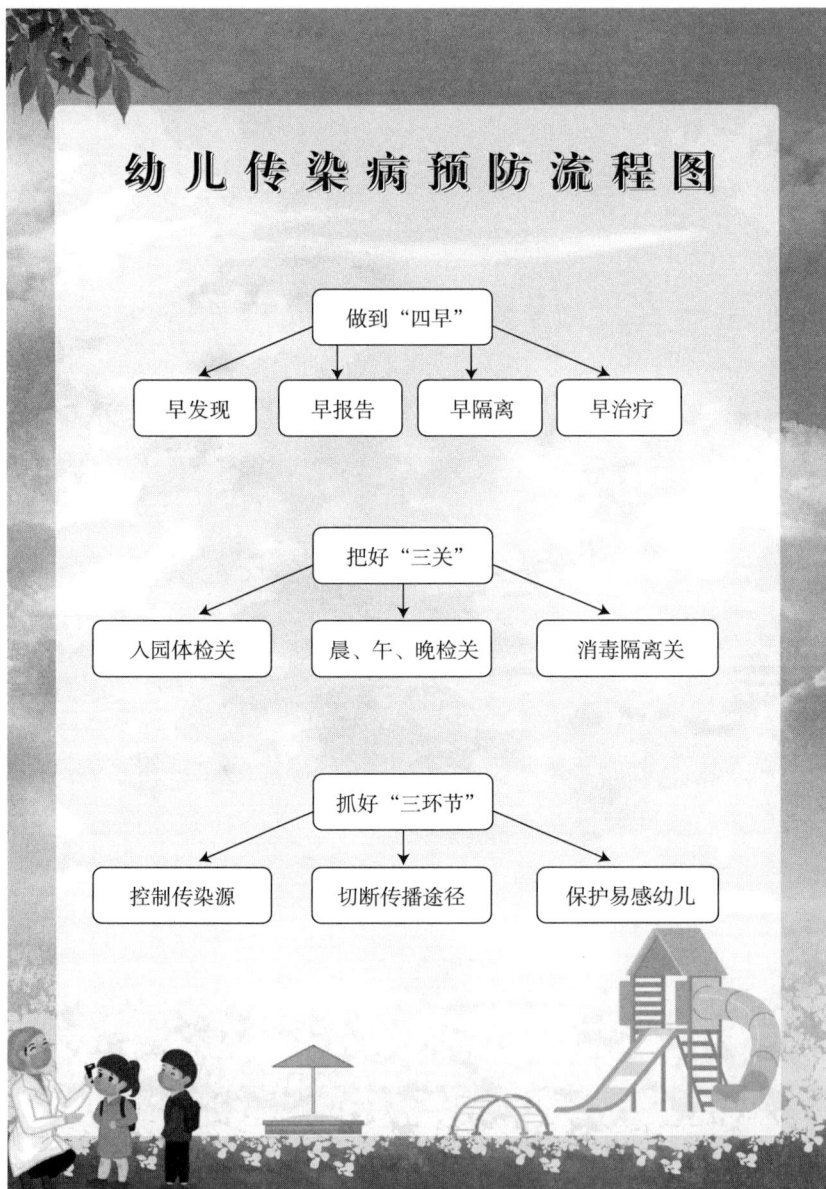

图3-2

第三章 传染病点对点流程图（图3-3）

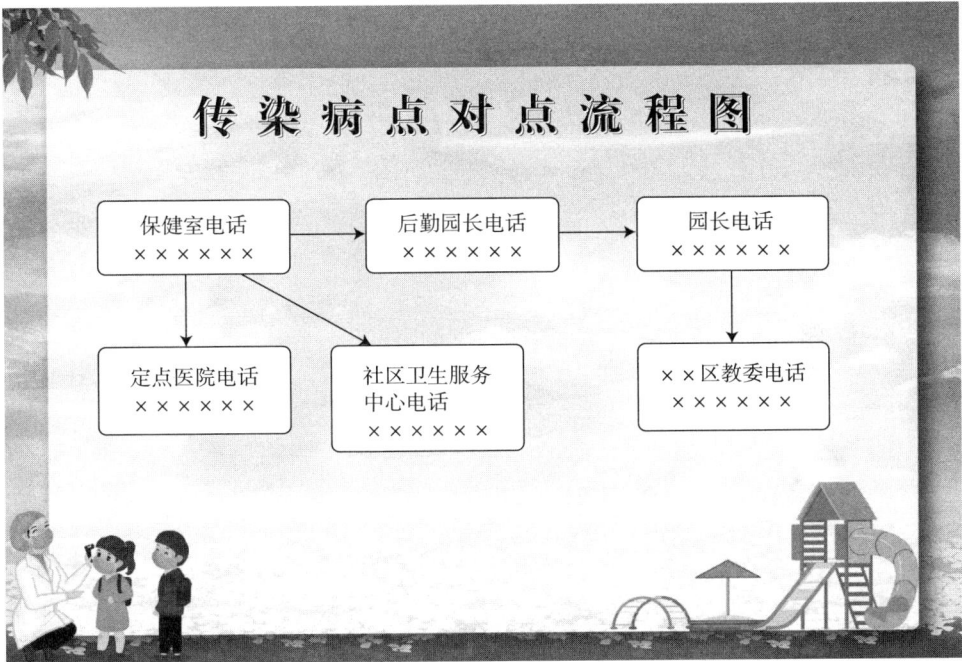

图3-3

第四章　幼儿突发应急预案流程图（图3-4）

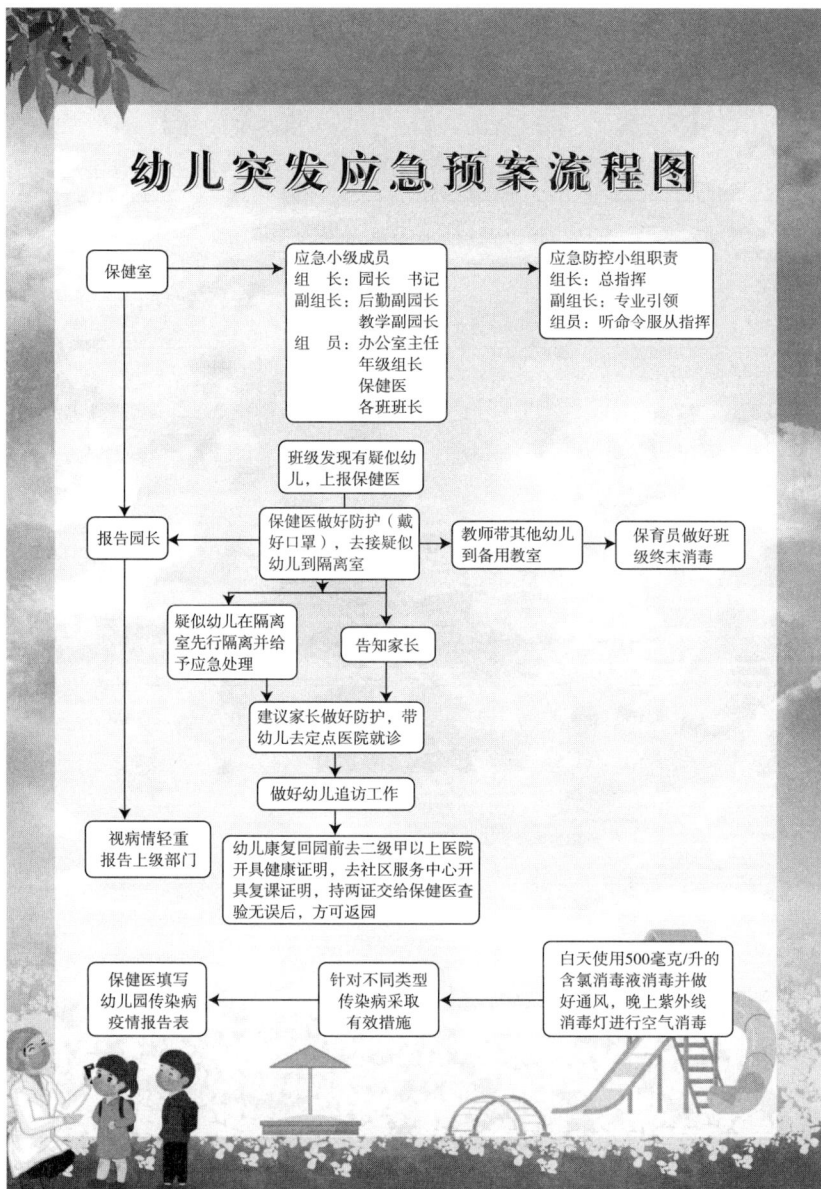

幼儿突发应急预案流程图

保健室

应急小级成员
组　长：园长　书记
副组长：后勤副园长
　　　　教学副园长
组　员：办公室主任
　　　　年级组长
　　　　保健医
　　　　各班班长

应急防控小组职责
组长：总指挥
副组长：专业引领
组员：听命令服从指挥

班级发现有疑似幼儿，上报保健医

保健医做好防护（戴好口罩），去接疑似幼儿到隔离室

教师带其他幼儿到备用教室

保育员做好班级终末消毒

报告园长

疑似幼儿在隔离室先行隔离并给予应急处理

告知家长

建议家长做好防护，带幼儿去定点医院就诊

做好幼儿追访工作

视病情轻重报告上级部门

幼儿康复回园前去二级甲以上医院开具健康证明，去社区服务中心开具复课证明，持两证交给保健医查验无误后，方可返园

保健医填写幼儿园传染病疫情报告表

针对不同类型传染病采取有效措施

白天使用500毫克/升的含氯消毒液消毒并做好通风，晚上紫外线消毒灯进行空气消毒

图3-4

第五章　幼儿园四级防控工作联络网（图3-5）

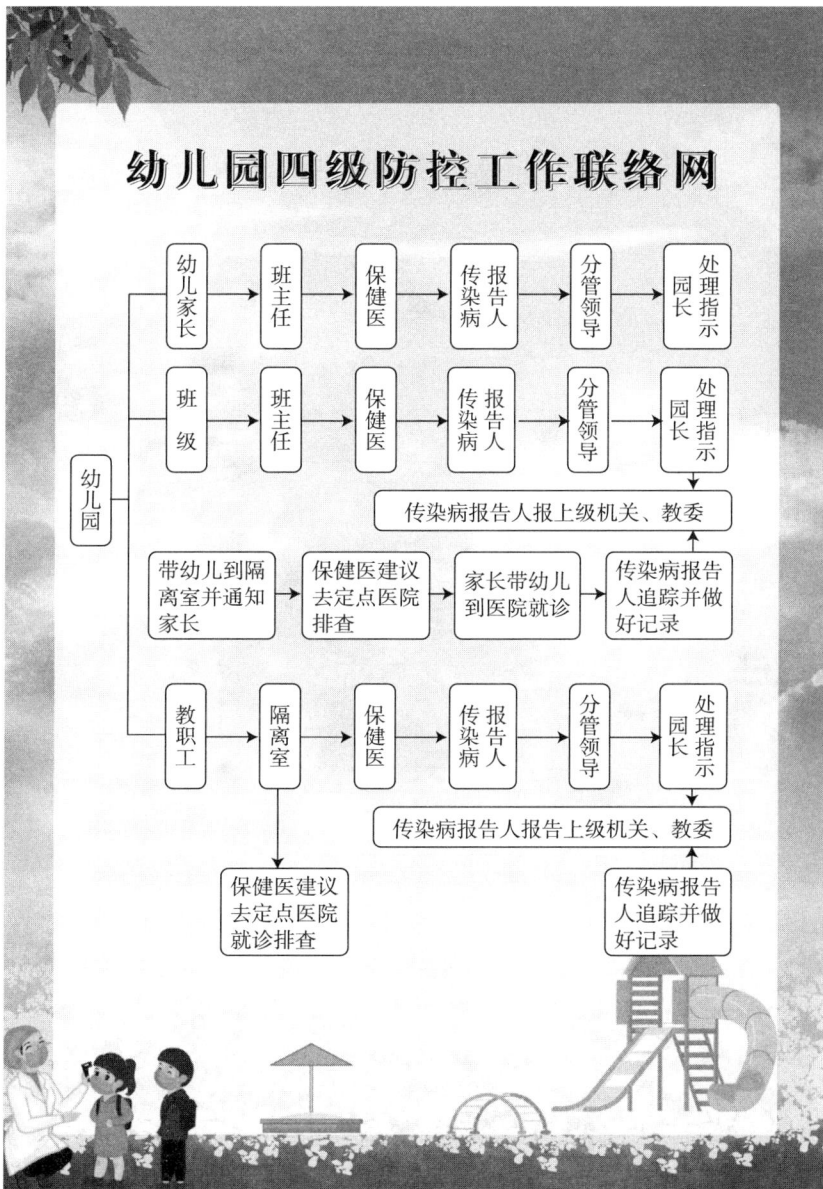

幼儿园四级防控工作联络网

幼儿园

幼儿家长 → 班主任 → 保健医 → 传染病报告人 → 分管领导 → 园长处理指示

班级 → 班主任 → 保健医 → 传染病报告人 → 分管领导 → 园长处理指示

传染病报告人报上级机关、教委

带幼儿到隔离室并通知家长 → 保健医建议去定点医院排查 → 家长带幼儿到医院就诊 → 传染病报告人追踪并做好记录

教职工 → 隔离室 → 保健医 → 传染病报告人 → 分管领导 → 园长处理指示

传染病报告人报告上级机关、教委

保健医建议去定点医院就诊排查

传染病报告人追踪并做好记录

图3-5

第六章　卫生保健监督检查流程图（图3-6）

卫生保健监督检查流程图

卫生保健监督人
保健医

↓

保健医检查

检查教师　　　检查幼儿食品安全　　　检查保育员

幼儿常规培养	户外活动达标	日常卫生	日常消毒
★洗手	★准备充分	★地面	★开窗通风
★喝水	★活动量适中	★物体表面	★空气消毒
★如厕	★时间充足	★卫生间	★毛巾
★进餐	★游戏活动	★玻璃	★水杯
★午睡	有计划	★门窗	★玩具
★户外活动	有组织	★各区域	★卫生间
★离园	有指导	★玩教具	★其他物品

餐、用具清洗消毒规范　　　　厨房各项操作规范

检查卫生制度落实情况

食品留样规范　　　个人卫生规范　　　餐、用具严格生熟分开使用规范

图3-6

第七章　幼儿一日健康监测流程图（图3-7）

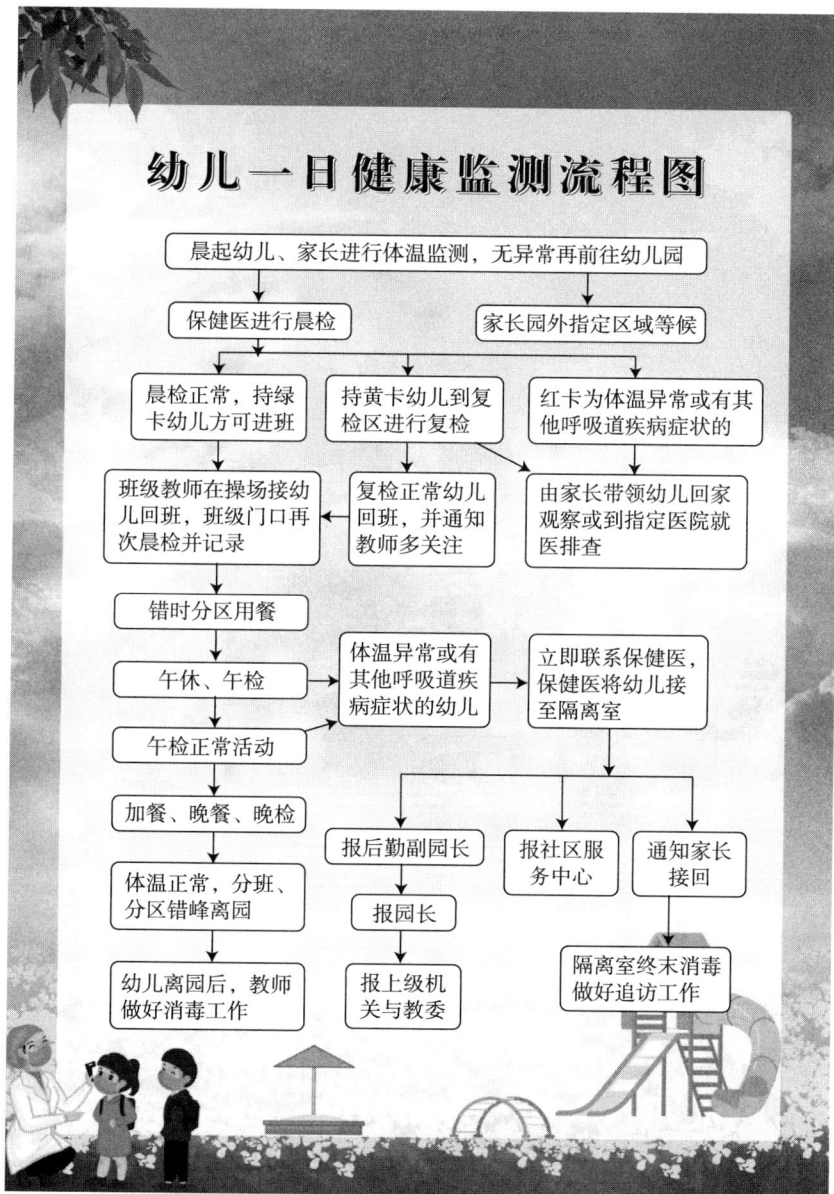

幼儿一日健康监测流程图

晨起幼儿、家长进行体温监测，无异常再前往幼儿园

保健医进行晨检　　　　　家长园外指定区域等候

晨检正常，持绿卡幼儿方可进班　　持黄卡幼儿到复检区进行复检　　红卡为体温异常或有其他呼吸道疾病症状的

班级教师在操场接幼儿回班，班级门口再次晨检并记录　　复检正常幼儿回班，并通知教师多关注　　由家长带领幼儿回家观察或到指定医院就医排查

错时分区用餐

午休、午检　　体温异常或有其他呼吸道疾病症状的幼儿　　立即联系保健医，保健医将幼儿接至隔离室

午检正常活动

加餐、晚餐、晚检　　报后勤副园长　　报社区服务中心　　通知家长接回

体温正常，分班、分区错峰离园　　报园长

幼儿离园后，教师做好消毒工作　　报上级机关与教委　　隔离室终末消毒做好追访工作

图3-7

67

第八章 幼儿在园发热处置流程图（图3-8）

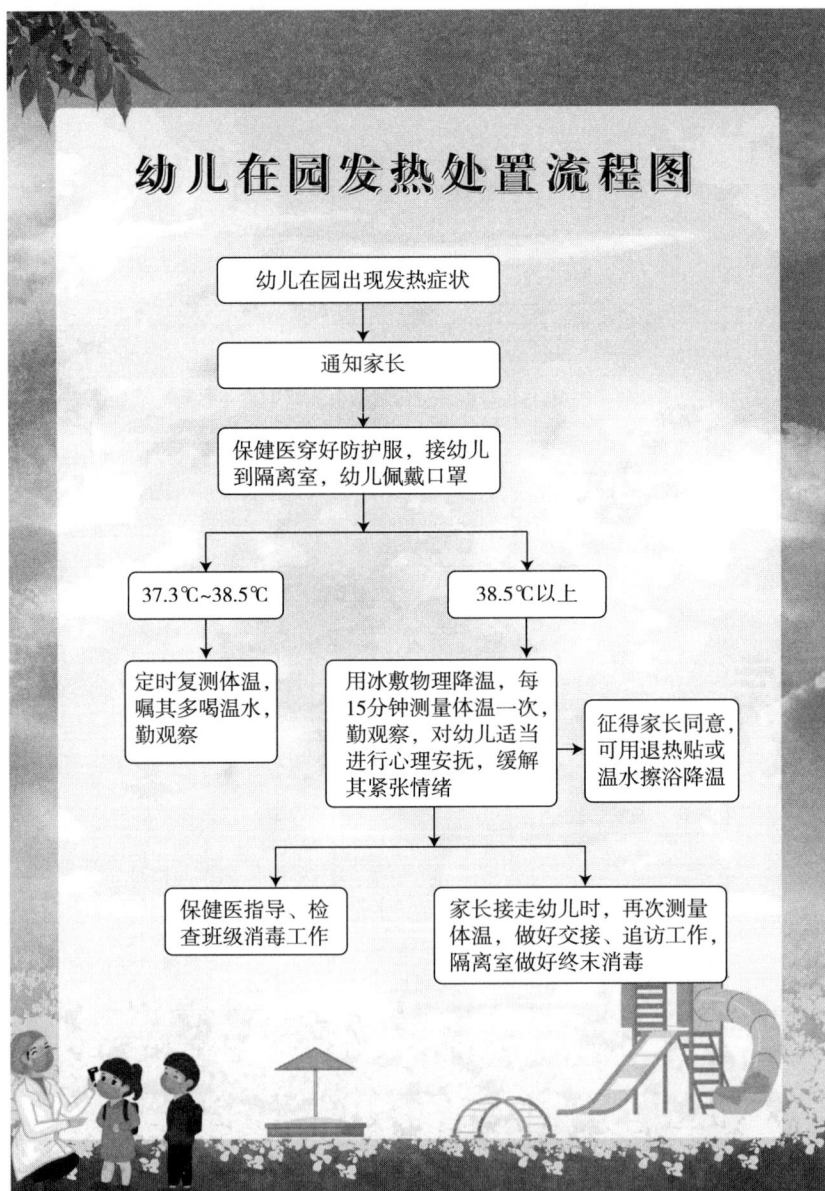

幼儿在园发热处置流程图

幼儿在园出现发热症状

↓

通知家长

↓

保健医穿好防护服，接幼儿到隔离室，幼儿佩戴口罩

↓

37.3℃~38.5℃ ｜ 38.5℃以上

定时复测体温，嘱其多喝温水，勤观察

用冰敷物理降温，每15分钟测量体温一次，勤观察，对幼儿适当进行心理安抚，缓解其紧张情绪 → 征得家长同意，可用退热贴或温水擦浴降温

保健医指导、检查班级消毒工作

家长接走幼儿时，再次测量体温，做好交接、追访工作，隔离室做好终末消毒

图3-8

第九章 隔离室处置流程图（图3-9）

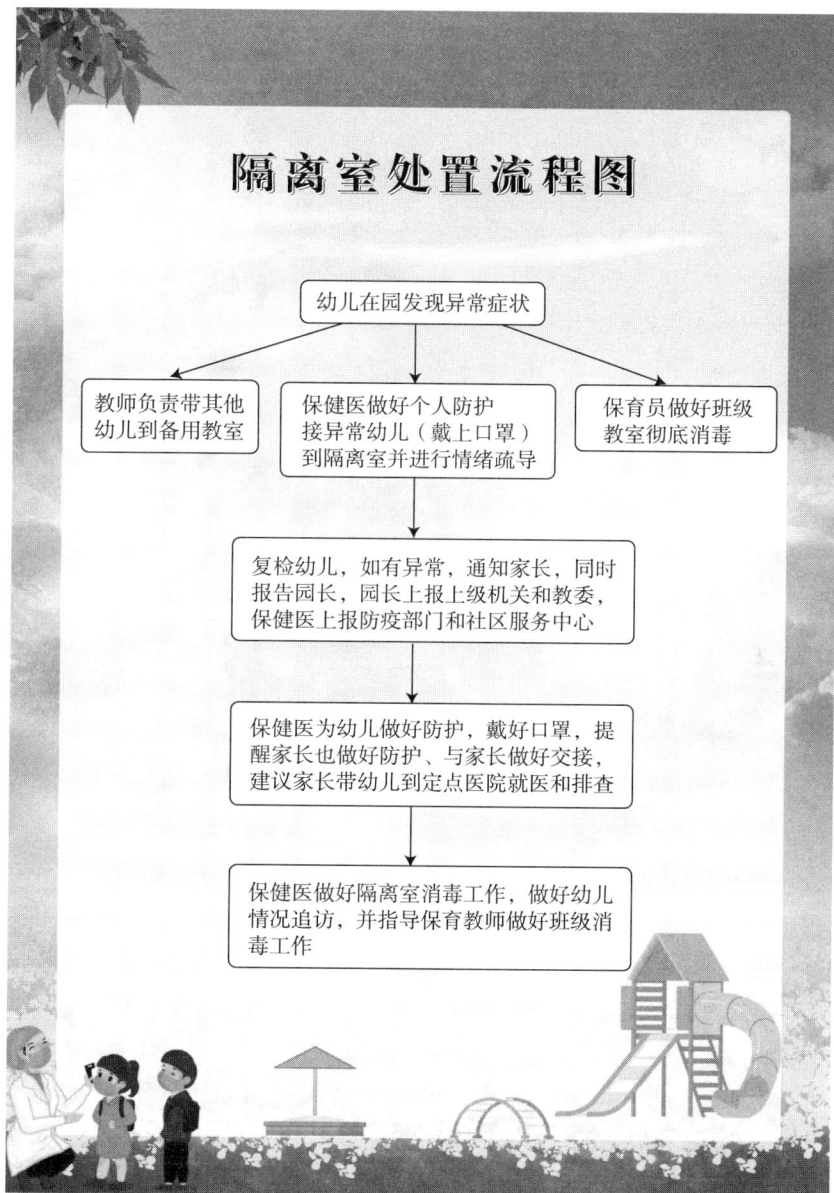

隔离室处置流程图

幼儿在园发现异常症状

教师负责带其他幼儿到备用教室

保健医做好个人防护接异常幼儿（戴上口罩）到隔离室并进行情绪疏导

保育员做好班级教室彻底消毒

复检幼儿，如有异常，通知家长，同时报告园长，园长上报上级机关和教委，保健医上报防疫部门和社区服务中心

保健医为幼儿做好防护，戴好口罩，提醒家长也做好防护、与家长做好交接，建议家长带幼儿到定点医院就医和排查

保健医做好隔离室消毒工作，做好幼儿情况追访，并指导保育教师做好班级消毒工作

图3-9

第十章 幼儿入园、离园流程图（图3-10）

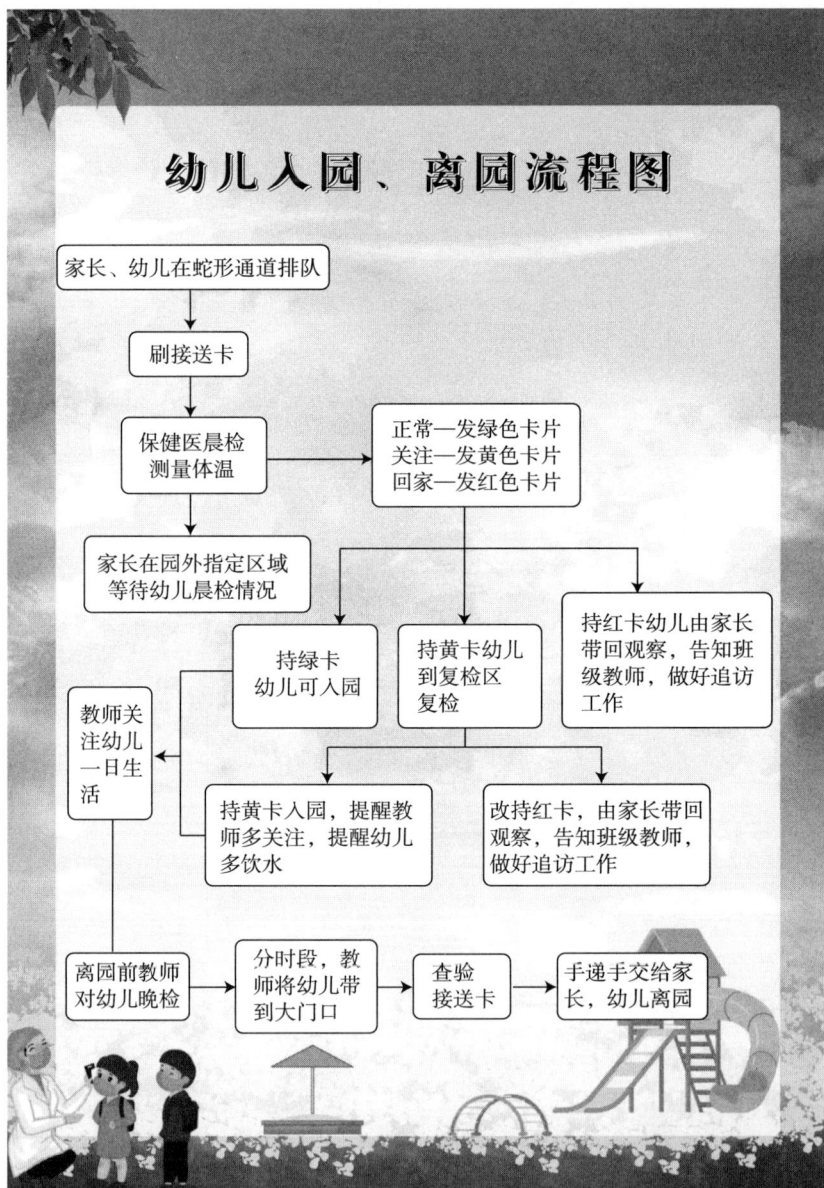

幼儿入园、离园流程图

家长、幼儿在蛇形通道排队

↓

刷接送卡

↓

保健医晨检测量体温 → 正常—发绿色卡片 / 关注—发黄色卡片 / 回家—发红色卡片

↓

家长在园外指定区域等待幼儿晨检情况

持绿卡幼儿可入园 / 持黄卡幼儿到复检区复检 / 持红卡幼儿由家长带回观察，告知班级教师，做好追访工作

教师关注幼儿一日生活

持黄卡入园，提醒教师多关注，提醒幼儿多饮水 / 改持红卡，由家长带回观察，告知班级教师，做好追访工作

离园前教师对幼儿晚检 → 分时段，教师将幼儿带到大门口 → 查验接送卡 → 手递手交给家长，幼儿离园

图3-10

第十一章 食堂工作人员每日工作流程图

（图3-11）

图3-11

第十二章 食品安全监督检查流程图（图3-12）

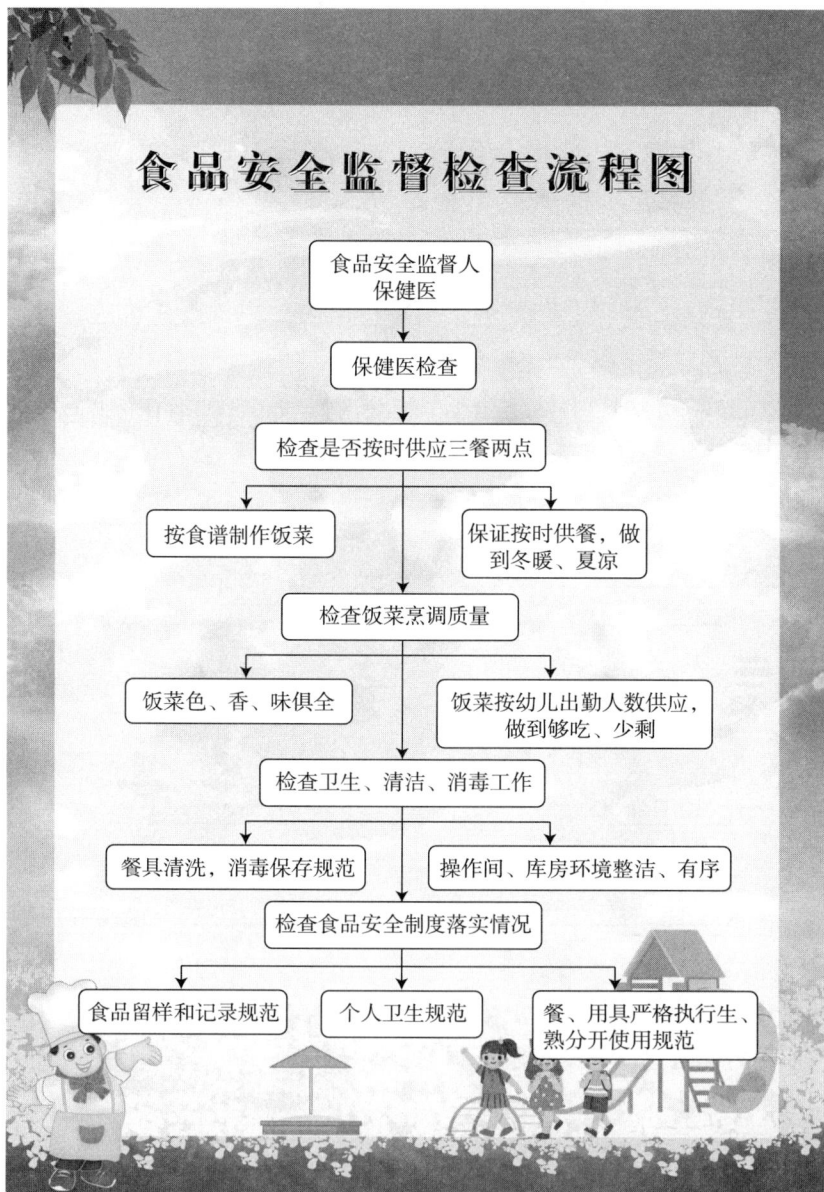

食品安全监督检查流程图

食品安全监督人
保健医

↓

保健医检查

↓

检查是否按时供应三餐两点

↓

按食谱制作饭菜　　　保证按时供餐，做到冬暖、夏凉

↓

检查饭菜烹调质量

↓

饭菜色、香、味俱全　　　饭菜按幼儿出勤人数供应，做到够吃、少剩

↓

检查卫生、清洁、消毒工作

↓

餐具清洗，消毒保存规范　　　操作间、库房环境整洁、有序

↓

检查食品安全制度落实情况

↓

食品留样和记录规范　　　个人卫生规范　　　餐、用具严格执行生、熟分开使用规范

图3-12

第十三章　食品库房管理操作流程图（图3-13）

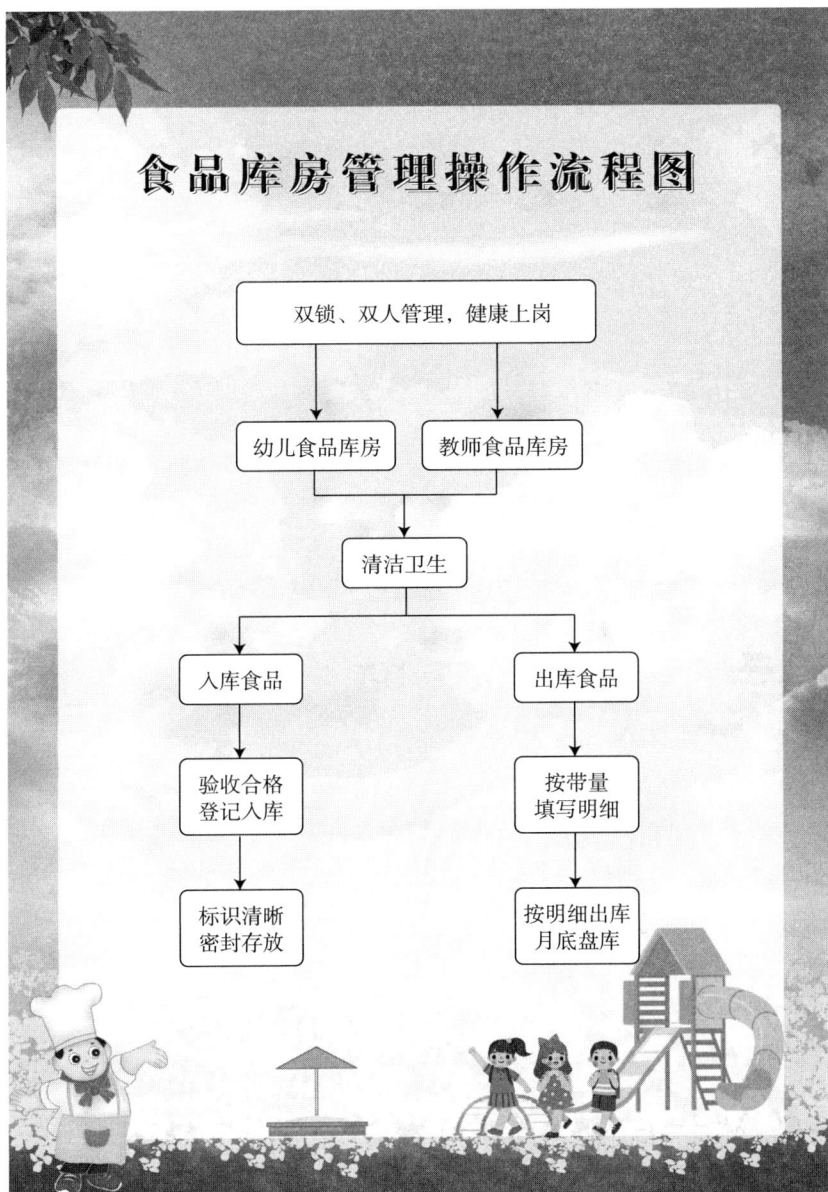

食品库房管理操作流程图

双锁、双人管理，健康上岗

幼儿食品库房　　教师食品库房

清洁卫生

入库食品　　　　出库食品

验收合格登记入库　　按带量填写明细

标识清晰密封存放　　按明细出库月底盘库

图3-13

第四篇　表　格　篇

第一章　幼儿情况统计表

第一节　幼儿入园基本情况统计表（表4-1）

表4-1　20××年×学期×班幼儿入园基本情况统计表

统计时间：

幼儿姓名	性别	户籍	班级	开园是否准备入园	固定接送家长1联系方式	固定接送家长2联系方式	入、离园交通方式（步行、私家车、出租车、公交车等）	家长是否签订《安全责任书》	是否符合入园条件

第二节 幼儿健康卡（表4-2）

表4-2 幼儿健康卡

幼儿姓名		年龄		性别		班级	
监护人姓名	父亲： 母亲：		监护人联系方式		父亲： 母亲：		
家庭住址							
幼儿返园前 14天身体状况	健康（ ）发热（ ）乏力（ ）干咳（ ）呼吸不畅（ ） 其他情况简要描述：						
共同居住的家庭成员 身体健康状况	健康（ ）发热（ ）乏力（ ）干咳（ ）呼吸不畅（ ） 其他情况简要描述：						
※幼儿与家人假期是否去过传染病高发区			是（ ）否（ ）				
监护人签字							
标有※号内容填"是"的，必须经当地社区签字（盖章）审定							

注：监护人如实填写《幼儿健康卡》，返园前提交班主任审核。

第三节 幼儿每日早、中、晚体温监测表（表4-3）

表4-3 幼儿每日早、中、晚体温监测表

日期：　　　　　　　　　　　　　　　　　　　　　　　班级：

序　号	姓　名	早上体温（℃）	中午体温（℃）	晚上体温（℃）	备　注

第四节　幼儿体温异常登记表（表4-4）

表4-4　幼儿体温异常登记表

日期	姓名	班级	性别	年龄	体温	主要症状	是否就诊	排查结果

第五节　请假幼儿情况统计表（表4-5）

表4-5　20××年×学期×班请假幼儿情况统计表

统计时间：

序号	幼儿姓名	请假原因	计划请假时间	家庭住址	目前所在地	联系方式	备注

第六节 幼儿园病缺勤追访登记表（表4-6）

表4-6 幼儿园病缺勤追访登记表

班级：

登记					症状							是否就诊	就诊医院	诊断结果	居家观察	转归					复园时间	教师签字
日期	班级	姓名	性别	年龄	发热（℃）	腹泻	皮疹	咳嗽	结膜红肿	呕吐	其他					第1天（当天）	第2天	第3天	第4天	第5天		

※腹泻者24小时内腹泻次数≥3次且有性状学改变。

※同一个班级出现3天3例以上症状者，要高度警惕肠传染病的发生，及时上报社区防保科。

第七节 幼儿居家隔离管理登记表（表4-7）

表4-7 幼儿居家隔离管理登记表

报送单位：
填表人：

联系电话：

填表日期： 年 月 日

| 序号 | 居家隔离者基本信息 | | | | | | 执行观察开始日期 | 每日观察情况一览表（填写体温/症状） | | | | | | | | | | | | | |
	姓名	性别	出生日期	年龄	住址	联系方式		D1	D2	D3	D4	D5	D6	D7	D8	D9	D10	D11	D12	D13	D14
1																					
2																					
3																					
4																					

第八节 幼儿暂缓返园情况统计表（表4-8）

表4-8 幼儿暂缓返园情况统计表

统计时间：

序号	班级	姓名	现所在地	风险级别	暂缓返园情况说明	建议报名时间

第二章 园内日常工作情况统计表

第一节 教职工每日早、中、晚体温监测表（表4-9）

表4-9 教职工每日早、中、晚体温监测表

日期：

序号	姓名	早上体温（℃）	中午体温（℃）	晚上体温（℃）	备 注

第二节 保健医每日查班情况记录表（表4-10）

表4-10 保健医每日查班情况记录表

日期：

班别	开窗通风（7：30）	卫生消毒（7：40）	早餐巡视（7：50）	加餐巡视（9：30）	户外活动（10：00）	午餐巡视（11：15）	起床午检（14：20）	户外活动（15：30）	晚餐巡视（16：45）	备注

第三节 幼儿园传染病期间消毒记录表（表4-11）

表4-11 幼儿园传染病期间消毒记录表

消毒地点：

日　期	时　间	消毒方式	消毒人员	备　注
		喷洒、通风、擦拭		

　　消毒液配比方法：4片健之素放在1升水里配成250毫克/升含氯消毒液。如遇传染病高发期，可以适当增加消毒液浓度。

第四节　外来人员体温测量登记表（表4-12）

表4-12　外来人员体温测量登记表

日　期	姓　名	来园事由	体温数值

第五节 幼儿园食堂工作人员岗前健康检查记录表（表4-13）

表4-13 幼儿园食堂工作人员岗前健康检查记录表

___年 ___月

不合格者情形：A.发热 B.恶心 C.呕吐 D.腹泻 E.腹痛 F.外伤、烫伤 G.湿疹 H.黄疸 I.咽病 J.咳嗽 K.工作衣帽不洁 L.手指甲长、不洁 M.头发（胡子）外露 N.佩戴饰物 O.其他不适合从业的情况

合格者用"√"表示；不合格者填写对应字母；未出勤者用"×"表示。

序号	日期 姓名	1	2	3	4	5	6	7	8	9	10	11	12	13	14	15	16	17	18	19	20	21	22	23	24	25	26	27	28	29	30	31
1																																
2																																
3																																
4																																
5																																
6																																
7																																
8																																
9																																
10																																
检查人																																
备注																																

第（ ）页

第六节 幼儿园食品留样记录表（表4-14）

表4-14 幼儿园食品留样记录表

日期	留样时间	食品名称	留样量（克）	留样人	销毁时间	销毁人	审核人签字

第七节 幼儿园食堂餐、用具消毒记录表（表4-15）

表4-15 幼儿园食堂餐、用具消毒记录表

日期	消毒时间	餐、用具名称	化学消毒方式	物理消毒方式			化学消毒浓度	物理消毒温度	消毒时长	记录人签字	审核人签字
				煮沸、蒸汽消毒	红外线消毒	洗碗机消毒					

第八节　幼儿园食堂紫外线灯使用情况记录表（表4-16）

表4-16　幼儿园食堂紫外线灯使用情况记录表

紫外线灯位置：

日期	消毒开始时间	消毒结束时间	本次消毒时长（分钟）	灯管累计使用时长（小时）	操作人签字	审核人签字	日期	消毒开始时间	消毒结束时间	本次消毒时长（分钟）	灯管累计使用时长（小时）	操作人签字	审核人签字

注：1.消毒标准：加工操作前消毒30分钟以上。2.紫外线灯位置应填具体地点（如操作间）。

第九节　幼儿园教学楼内公共区域消毒记录表（表4-17）

表4-17　幼儿园教学楼内公共区域消毒记录表

日期：

一层公共区域	可接触的物体表面已用健之素消毒液（250毫克/升）完成消毒	地面及厕所已用健之素消毒液（500毫克/升）完成消毒	责任人	
二层公共区域	可接触的物体表面已用健之素消毒液（250毫克/升）完成消毒	地面及厕所已用健之素消毒液（500毫克/升）完成消毒	责任人	
三层公共区域	可接触的物体表面已用健之素消毒液（250毫克/升）完成消毒	地面及厕所已用健之素消毒液（500毫克/升）完成消毒	责任人	
四层公共区域	可接触的物体表面已用健之素消毒液（250毫克/升）完成消毒	地面及厕所已用健之素消毒液（500毫克/升）完成消毒	责任人	
五层公共区域	可接触的物体表面已用健之素消毒液（250毫克/升）完成消毒	地面及厕所已用健之素消毒液（500毫克/升）完成消毒	责任人	
备注	传染病高发期，消毒液浓度要加倍			

第十节 幼儿园紫外线灯车消毒记录表（表4-18）

表4-18 幼儿园紫外线灯车消毒记录表

输出功率：

日期	消毒班级	消毒原因	使用时间	累计使用时长

第十一节 幼儿园户外大型玩具消毒记录表（表4-19）

表4-19 幼儿园户外大型玩具消毒记录表

地点：操场上所有大型玩具 　　　　　　　　　　　　　　　　年　　　月

日期	鱼型滑梯	钻筒滑梯组合	大型滑梯组合	钻洞爬网	钻洞爬网绳索	小型滑梯组合	消毒方式	消毒时间	执行人
							250毫克/升消毒液擦拭		
							250毫克/升消毒液擦拭		
							250毫克/升消毒液擦拭		
							250毫克/升消毒液擦拭		
							250毫克/升消毒液擦拭		
							250毫克/升消毒液擦拭		
							250毫克/升消毒液擦拭		
							250毫克/升消毒液擦拭		
							250毫克/升消毒液擦拭		
							250毫克/升消毒液擦拭		

注：已消毒画"√"。

第十二节 幼儿园班级日常消毒记录表（表4-20）

表4-20 幼儿园班级日常消毒记录表

消毒日期：　　　　　　　　　　　　　　　　　　班级：

消毒次数及对象	消毒方法及内容	周一	签字	周二	签字	周三	签字	周四	签字	周五	签字
幼儿用品　每日1次	1. 擦手毛巾：洗衣粉清洗→清水洗→健之素消毒液（250毫克/升）浸泡20分钟→清水洗→阳光暴晒										
	2. 水杯、牙杯、水果盘：洗涤灵清洗→清水洗→蒸汽消毒柜消毒10分钟										
	3. 干果盘：洗涤灵清洗→清水洗→蒸汽消毒柜消毒10分钟										
	4. 各种台面、家具、毛巾格、水杯格、牙杯格：清水清洁→健之素消毒液（250毫克/升）擦拭后停留20分钟→清水擦拭										
	5. 玩具架、玩具收纳筐：清水清洁→健之素消毒液（250毫克/升）擦拭后停留20分钟→清水擦拭										
	6. 桌椅：清水清洁→健之素消毒液（250毫克/升）擦拭→清水擦拭										
	7. 梳子：用刷子清水清洗→健之素消毒液（250毫克/升）浸泡20分钟→清水洗										
幼儿玩具	1. 木制玩具：清水清洁→健之素消毒液（250毫克/升）擦拭后停留20分钟→清水洗										
	2. 塑料制品玩具：清水清洁→健之素消毒液（250毫克/升）擦拭后留20分钟或浸泡20分钟后→清水洗										
	3. 纸制玩具：阳光暴晒6小时或紫外线灯照射1小时										

（续）

消毒次数及对象		消毒方法及内容	消毒时间									
			周一	签字	周二	签字	周三	签字	周四	签字	周五	签字
每日1次	垃圾桶	垃圾桶：清水清洁→健之素消毒液（500毫克/升）擦拭消毒后停留20分钟→清水洗净										
每日2次	室内空气	第1次开窗通风：20分钟，天气适宜时常开窗										
		第2次开窗通风：20分钟（雾霾天，幼儿离园后紫外线灯照射1小时），天气适宜时常开窗										
	幼儿进餐环节桌面	第1次清洁：清水清洁→健之素消毒液（250毫克/升）擦拭（潴留10分钟）→清水擦拭										
		第2次清洁：清水清洁→健之素消毒液（250毫克/升）擦拭（潴留10分钟）→清水擦拭										
		第3次清洁：清水清洁→健之素消毒液（250毫克/升）擦拭（潴留10分钟）→清水擦拭										
每日3次	地面	第1次地面：清水清洁→健之素消毒液（500毫克/升）擦拭										
		第2次地面：清水清洁→健之素消毒液（500毫克/升）擦拭										
		第3次地面：清水清洁→健之素消毒液（500毫克/升）擦拭										
	墩布、抹布	第1次墩布、抹布：清洗→健之素消毒液500毫克/升浸泡20分钟→清洗→晾晒										
		第2次墩布、抹布：清洗→健之素消毒液500毫克/升浸泡20分钟→清洗→晾晒										
		第3次墩布、抹布：清洗→健之素消毒液500毫克/升浸泡20分钟→清洗→晾晒										

（续）

消毒次数及对象		消毒方法及内容	消毒时间									
			周一	签字	周二	签字	周三	签字	周四	签字	周五	签字
每日3次	擦嘴毛巾	第1次擦嘴毛巾：洗涤灵清洗→清洗→健之素消毒液250毫克/升浸泡20分钟→清洗→晾晒										
		第2次擦嘴毛巾：洗涤灵清洗→清洗→健之素消毒液250毫克/升浸泡20分钟→清洗→晾晒										
		第3次擦嘴毛巾：洗涤灵清洗→清洗→健之素消毒液250毫克/升浸泡20分钟→清洗→晾晒										
	高频接触物体表面	第1次门把手、水龙头、楼梯扶手、床围栏：清洁→健之素消毒液（250毫克/升）消毒液擦拭后停留20分钟→清水擦拭										
		第2次门把手、水龙头、楼梯扶手、床围栏：清洁→健之素消毒液（250毫克/升）消毒液擦拭后停留20分钟→清水擦拭										
		第3次门把手、水龙头、楼梯扶手、床围栏：清洁→健之素消毒液（250毫克/升）消毒液擦拭后停留20分钟→清水擦拭										
	幼儿厕所	第1次：洁厕灵刷洗→84消毒液浸泡20分钟→清水冲刷										
		第2次：洁厕灵刷洗→84消毒液浸泡20分钟→清水冲刷										
		第3次：洁厕灵刷洗→84消毒液浸泡20分钟→清水冲刷										

注：健之素消毒液配比：1片健之素放在1升水里配成250毫克/升的含氯消毒液（如传染病高发期，消毒液浓度需要高要加倍）。

第十三节　幼儿园班级卫生检查评比表（表4-21）

表4-21　幼儿园班级卫生检查评比表

序号		项目及评价标准	分值	小×班								
1	空气	室内空气通风，无异味	5									
2	盥洗室	毛巾：一天一换一消毒，干净、柔软，悬挂整齐且数目与幼儿出勤人数相符	5									
3		毛巾柜：内外无尘土，无污渍	5									
4		水杯、牙杯：内外无水垢，无锈渍，牙刷头无牙膏残留	5									
5		消毒柜、微波炉：内外无污渍，无异味	5									
6		水池：内外清洁，无污渍	5									
7		便池：内外无污物，无异味，瓷砖洁白	5									
8		墩布：标识明确，用时消毒，用后悬挂、干燥	5									
9		擦桌布：消毒、干净、无污渍	5									
10	活动室	桌椅：桌面、桌面，椅面、椅腿，椅背干净、无污渍	5									
11		玩具：玩具柜内外无尘土，玩具筐干净、整齐、玩具消毒、分类清楚、摆放整齐	5									
12		钢琴：琴罩干净、琴上无杂物、琴内无尘土	5									
13		其他物品：摆放整齐，无成人用品、饮水机干净、无污垢	5									
14	睡眠室	床：被子叠放整齐，床单、枕头平整，床上及床下无杂物	5									
15		地面：干净、无脏物	5									
16	教室环境卫生	窗户：玻璃干净、明亮、窗台无尘土、无杂物	5									
17		门：门无尘土、门框、门把手无污渍	5									
18		衣帽间：柜子整齐、拖鞋保持干净、摆放整齐	5									
19		梳子及梳子袋：药品袋、梳子干净、标识明确，梳子袋、药品袋专用	5									
20	公共卫生区	窗台和玻璃干净、整洁	5									
		合计	100									

第十四节　幼儿园周卫生与消毒检查工作公布表

（表4-22）

表4-22　幼儿园周卫生与消毒检查工作公布表

日期：＿＿＿＿年＿＿＿＿月＿＿＿＿日

星期 项目 班级	周一	周二	周三	周四	周五	签字
	室内空气　盥洗室：毛巾、毛巾柜、微波炉、水杯、牙杯、镜面、水池、台面、擦桌布	全园卫生大检查	厕所：水池、便池、墩布池、墩布、抹布	睡眠室：床铺、地面　活动室：桌椅、玩具、教具、钢琴、饮水机、凉水壶	教室环境卫生：消毒、物品摆放、玻璃、门窗、梳子及梳子袋、药袋、衣帽间	

注：每周二上午9点全园卫生大检查。

第五篇 规 范 篇

第一章 准 备 工 作

第一节 人员准备

建立幼儿园、教师、家长、班级四级防控工作联系网络，落实责任，重心下移，实施网格化梳理、地毯式排查。每天对全园幼儿及其共同生活者、教职工（含聘用人员、后勤人员）进行拉网式排查，摸排并掌握其健康、出行、居住地等信息，建立每日健康台账，严格执行"日报告""零报告"制度，及时收集掌握传染病信息，每日做好晨、午、晚检工作，仔细排查，为确定开学返园人员名单提供依据。

全体教职工做好健康检查，核酸检测合格后，方可开园。做好供应商送货人员的《健康证》检查，严格食品索证、索票和进货查验制度，确保货物来源正规，尤其加强对海鲜类、肉类的查验。安排安保人员开展传染病防控隐患排查和校园周边环境整治，着力防范、化解重大安全风险，保证传染病防控期间不发生安全事故，确保幼儿园保教工作顺利开展。

按照北京市海淀区教委和军委关于幼儿园开园准备工作的要求，制订了"三案""十六制"，反复论证、研制《传染病防控工作方案》《复园工作方案》《突发传染病应急预案》《传染病防控健康教育制度》《传染病信息上报制度》《复课后教职工进餐制度》《隔离制度》《家园信息互通制度》《晨、午、晚检制度》《幼儿进餐制度》《口罩管理制度》《"日报告""零报告"制度》《垃圾分类制度》《每日健康状况统计制度》《消毒制度》《幼儿接送制度》《传染病流行期间教师宿舍安全管理制度》《因病缺勤追访制度》《返园证明查验制度》，充分体现科学性、可操作性，并组织教职工培训、学习。

对传染病防控工作岗位、工作场所、职责分工、教师分批返园流程等进行了细化。

　　所有境外回京人员必须遵守《关于进一步严格境外进京人员管控措施的通知》要求，严格执行军队和北京市有关规定，进行核酸检测和医学隔离观察，每日健康监测并填报《健康卡》，解除隔离后且身体健康，方可申请返岗、返园。批准返岗、返园后，教职工需要签订《教职工健康安全责任书》，幼儿家长需要签订《幼儿健康安全责任书》，做到不瞒报、不谎报。

　　教职工上班期间，全天佩戴口罩，一日两换，并将使用过的口罩放在专门回收口罩的垃圾桶内。

第二节　物资准备（图5-1、图5-2）

物品名称	数量
儿童口罩	1个/人/日
医用口罩	2个/人/日
健之素泡腾消毒片	2瓶/月
84消毒液	1瓶/月
健之素免洗消毒液	6瓶/月
儿童手消免洗消毒液	2瓶/月
感应式洗手液	4瓶/月
班级测温器	1个
水银体温剂	1个
检查手电筒	1个
紫外线消毒灯	2台
呕吐包	8个
喷壶	1个

图5-1　　　　　　　　　　图5-2

第三节　园所环境准备

开学前、后按要求安排消杀小组对幼儿园园所环境进行全面消毒（图5-3、图5-4），做好灭鼠、清除蚊卵的专项工作，做好空调检修、清洗工作（图5-5），做好直饮机检修和统一更换滤芯工作。全体教职工进行健康检查，核酸检测合格后，方可开园。做好食品供应商送货人员的《健康证》检查工作，严格食品索证、索票和进货查验工作，确保货物来源正规，尤其加强对海鲜类、肉类的溯源查验（图5-6）。安排安保人员开展传染病防控隐患排查和校园周边环境整治，着力防范、化解重大安全风险，保证传染病防控期间不发生安全事故，确保幼儿园保教工作顺利开展。

园门口位置设立幼儿自动测温仪，备全晨检用具，如额温枪、手电筒、儿童手消免洗消毒液等，安排蛇形入园通道，并划分一米线，引导家长和幼儿保持一定距离排队，按顺序入园（图5-7）。

图5-3

图 5-4

图 5-5

图 5-6

图 5-7

第二章 幼儿一日生活常规

第一节 幼儿晨、午、晚检规范要求

一、晨检

幼儿每日入园前如出现腋下体温≥37.3℃或有流感样症状（如流涕、鼻塞、咽痛、咳嗽、头痛、肌痛、乏力、呕吐、腹泻等），应及时向幼儿园报告，并按有关规定就医排查。

保健医、班级教师共同负责晨检工作（图5-8、图5-9），坚持做到：一测，测量体温；二看，咽部、皮肤和精神面貌；三问，饮食、睡眠、大小便情况；四查，有无携带不安全物品；五发，发放《健康标志卡》（绿色卡代表健康，黄色卡代表重点关注，红色卡代表回家观察）。发现问题，及时处理并记录。

二、午检

班级教师负责午检工作（图5-10），坚持做到：一测，测量体温；二看，幼儿盖被、入睡、睡姿等情况；三查，有无携带不安全物品。发现问题，及时处理并记录、上报。

三、晚检

班级教师负责晚检工作（图5-11），坚持做到：一测，测量体温；二看，咽部、皮肤和精神面貌；三查，有无携带不安全物品、是否衣物整洁。发现问题，及时处理并记录、上报。

晨、午、晚检时，工作人员要佩戴口罩和一次性手套，出现疑似病例或确诊病例，立即启动传染病突发应急预案，在疾控机构指导下采取传染病防控处置措施，并配合相关部门做好密切接触者的排查与管理工作。

图5-8

图5-9

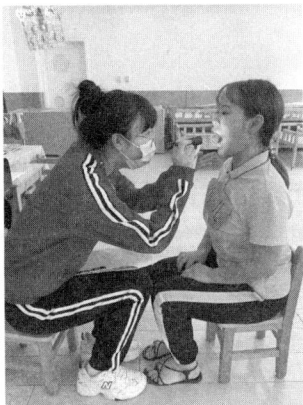

图5-10

图5-11

第二节　幼儿盥洗、如厕规范要求

传染病流行期间规范洗手要求，排队保持一米距离（图5-12），能够按照正确的七步洗手法洗手，穿长袖衣服时，知道卷袖子，能主动洗手，勤洗手，知道按顺序洗手，节约用水，洗手后将水龙头关紧。会正确使用毛巾，能够将手擦干。

小班幼儿会用鼓漱法漱口，知道餐后漱口能清洁口腔。

中、大班幼儿会正确使用牙刷，并按正确方法画圈儿刷牙。

如厕是幼儿园一日活动中重要的生活环节，它能反映幼儿最基本的生活自理能力和卫生习惯。如厕能力的培养是幼儿园生活教育的一项内容。幼儿如厕，分性别、分批有序排队，并保持一米距离。不得限定便溺次数，卫生纸放置在便于拿取的固定位置，会正确使用。坐便器每用一次需清洁、消毒。

图5-12

第三节　幼儿进餐规范要求

一、进餐前

1.进餐前20分钟，保育员对用餐环境进行消毒。配班教师合理安排男孩、女孩分时、排队如厕和洗手。盥洗间配备自动感应式洗手器。配班教师指导幼儿无触摸式排队自取洗手液，引导每个幼儿按照七步洗手法洗手、消毒。当班教师在教室组织幼儿开展健康习惯教育活动。

2.保育员分餐前穿着分餐服装，佩戴一次性口罩和手套给幼儿分餐。教师把饭菜送至幼儿就餐位置，减少幼儿交叉走动。

3.幼儿进餐时要保持1米距离或同向就餐，桌上加装隔挡（图5-13）。

图5-13

二、进餐时

1.引导幼儿安静进餐，不交谈，观察幼儿进餐情况及健康状况（图5-14）。

2.提醒幼儿不用手抓饭菜，不吃掉在桌上或地上的食物。发现食欲不好或者不想吃饭的幼儿要及时上报，告知保健医。

三、进餐后

1.指导幼儿餐后用湿巾正确擦嘴，并按标识使用自己的口杯漱口。漱口后，将杯子清洗干净、归位。

2.教师分工：当班教师组织进餐完毕的幼儿在教室空地开展活动，配班教师组织余下幼儿进餐，保育员对教室、盥洗室进行全面消毒。

3.全体幼儿进餐结束后，分批组织幼儿进行睡前盥洗、如厕，要求同盥洗、如厕要求一致。

四、加餐时

1.严格按照正餐操作流程进行消毒。组织幼儿盥洗、如厕，同盥洗、如厕要求一致。

2.幼儿取餐流程及要求同正餐要求一致。

3.幼儿食用加餐时要求同正餐要求一致。

图5-14

第四节 幼儿室内教学活动规范要求

室内开展集体教学活动时，座位距离尽可能分散，根据课程内容，有序组织幼儿开展教学活动内容（图5-15~图5-17）。活动前，教师相互配合，准备好教具及学具。教学用教具及学具，保证整洁，按要求清洗、消毒。活动中，关注幼儿情绪、行为表现，做好积极的心理引导，鼓励幼儿积极参与，大胆表达与表现，轻松、愉快地与同伴友好互动，遵守间隔规则，不吃手，不抠口、鼻，打喷嚏时用手肘遮住口、鼻，能主动表达自己的需求，注意不做拥抱等亲密动作。教师投放经过消毒的玩具，保证玩具数量，幼儿玩具尽可能单人使用，减少多名幼儿使用同一玩具游戏的几率。

图 5-15

图 5-16

图 5-17

第五节　幼儿户外活动规范要求

一、从严控制、审核、组织、举办各类涉及幼儿聚集性的活动，不组织大型集体活动，尽量减少集体活动时间。户外活动时，教师及保健医需佩戴口罩，幼儿可以不戴口罩。

二、幼儿分时段、分区域进行户外活动，分组开展活动。最大限度地保持班与班之间的距离，避免聚集、交叉（图5-18、图5-19）。

三、活动中，注意提醒幼儿不随便触碰物品，或用手接触眼睛、口、鼻等，提醒幼儿如需交谈，应保持一米以上的距离。

四、活动中，保健医及教师关注幼儿身体状况，根据幼儿面色、出汗、心跳等情况及时调整活动内容和运动量。

五、活动后，教师分批组织幼儿彻底清洁双手、如厕。监督幼儿洗手是否规范，搓、揉不少于15秒，查看洗手效果，保持场所秩序。幼儿排队时，保持一米距离，避免拥挤。

图5-18

图5-19

第六节　幼儿午睡规范要求

一、午睡前

1.让幼儿有序洗净双手，同盥洗要求一致，以免午睡中幼儿将手放进嘴里或用手揉眼、抠鼻时感染病毒。

2.组织幼儿分批、有序进入睡眠室，注意幼儿之间的距离，用正确的方法上、下床，避免发生意外。

3.每位幼儿脱下的衣物叠好后，要分开摆放在小凳子上，不能混放在一起。凳子与凳子之间保持一米的距离。

4.做好错位就寝调整，每个床要保持一米距离，隔开床位，避免相邻床位的幼儿睡觉时头挨头（图5-20）。

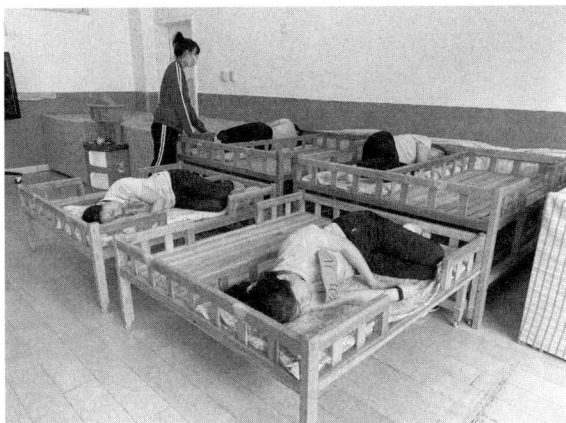

图5-20

二、午睡中

1.教师在幼儿午睡期间要保持高度警惕，在室内巡视、观察幼儿睡眠情况。

2.注意睡眠室开窗通风，保持空气流通。

3.做好幼儿午睡安全管理，纠正幼儿睡姿，时刻关注幼儿身体状况是否有异样。如有异常，及时上报保健医。

三、起床后

1.组织幼儿分批起床、盥洗，注意保持距离。

2.开展起床后午检，测量体温（图5-21），查看幼儿精神状态和身体状况。如有异常，及时上报保健医。

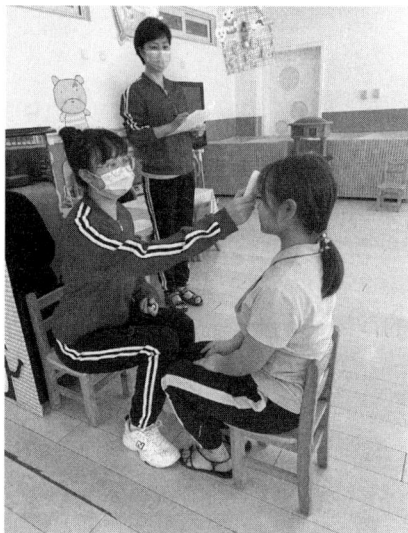

图5-21

第三章　教职工各岗位常规要求

第一节　园所整体要求

一、入园前准备环节

1.幼儿园大门口摆放测温仪、临时隔离安置装备、免洗消毒液、刷卡机及消毒地垫（用84消毒液浸湿）。

2.检查临时隔离点各项物资是否到位。

3.幼儿园门口设立分散通道，以免出现家长及幼儿拥挤的现象，设立一个幼儿离园的专用通道。

二、来园测温、晨检环节

1.行政教师组织园门外家长及幼儿间隔一米有序排队，在测温仪前测温。

2.若出现体温异常幼儿，立即启动应急处置流程。按处置要求暂时将幼儿安置到隔离安置点内；家长马上带幼儿到"点对点"医院就诊或进行核酸检测；做好人员隔离和环境消杀工作。

三、餐前盥洗、餐前准备环节

行政人员加强巡视，指导保育员认真消毒桌面，消毒桌子数量充足。

四、三餐环节

1.当日值班行政教师待最后一名入园幼儿完成测温后，进行手部消毒、清洗。

2.行政教师在无情况处理后，进班巡视幼儿进餐情况，提示班级教师注意幼儿就餐保持一米以上的间隔距离。

3.巡视幼儿进餐情况及当天菜品情况，若遇到问题，及时与食堂人员进行沟通。

五、游戏活动

加强游戏中对班级幼儿活动的巡视。

六、教育活动

1.行政人员进班巡视，关注班级组织活动的内容。

2.指导班级教师组织教育活动，需注意幼儿间隔距离，做适当提示。

七、户外活动

1.行政教师及时检查出入口是否畅通，提前掀起幼儿出入门口的门帘，保证幼儿来往通畅。

2.进入班级，巡视教师组织幼儿间隔排队、下楼、户外活动等情况，确保幼儿安全。

3.幼儿园根据天气情况，在户外设置适宜幼儿活动中的休息区。区域内设有座椅，供幼儿休息。备好水桶、擦汗毛巾或纸巾、垃圾桶等。

4.协同班级教师组织好幼儿户外活动中临时如厕、洗手、喝水等环节。

5.协助班级教师观察幼儿精神状况、身体状况及活动量。

6.指导班级教师制订大型玩具的错峰游戏时间。

八、盥洗、如厕、喝水、加餐环节

行政教师巡视班级幼儿活动情况，并提示教师做好幼儿盥洗环节的人员站位，做到幼儿不离开教师的视线范围。

九、午餐后散步环节

1.合理划分幼儿园室内、外场地，确保班级教师了解本班安排。

2.做好巡视班级散步情况，协助班级教师错时组织本班幼儿散步环节。

3.减少班级与班级之间的接触，幼儿之间做好间隔散步，保证安全。

十、午睡环节

行政教师加强幼儿午睡的巡查工作。

十一、起床及午检环节

配合好班级教师做好各班起床、午检工作，关注幼儿身体状况。如遇到幼儿身体有发热、咳嗽、腹泻等情况，立即按照幼儿园应急预案进行各项工作的落实。

十二、晚检及离园准备环节

1.提示班级教师有序组织幼儿进行晚间离园检查，并进行体温测温记录。

2.配合班级教师完成此项工作。

十三、离园环节

1.分别到相应位置的大门口进行晚间离园值守工作。

2.组织各班有序进行晚间离园工作，保证幼儿离园安全。合理设置幼儿安全离园的区域、路线、时间。

3.组织园外家长按照幼儿分批离园的时间，在一米线外有序排队，等待接走幼儿。

第二节　教师岗位工作规范

一、入园前准备环节

1.教师入园时，严格进行测温、手部消毒，记录体温。

2.进入班级先进行手部消毒，再更换干净的工作服和工作鞋。

3.配合保育员做好教室的开窗、通风、清洁、消毒各项工作。

4.做好幼儿来园各项物品的准备工作。

5.与家长提前沟通每个年龄段来园时间，尽量错开，避免扎堆。

6.教师做好分工。一位教师在指定区域准备接待幼儿，另一位教师做好晨间活动材料的准备工作。

二、来园测温、晨检环节

1.班级教师热情地迎接幼儿来园，有序辅助家长、组织幼儿到测温仪前测温。体温合格后，与家长进行交接。

2.幼儿经保健医晨检合格后，家长方可离园。教师引导幼儿回到班级。

3.主班教师与配班教师及时沟通，进行交接，说明幼儿情况。一位教师接待幼儿脱衣服、放物品。一位教师再次给幼儿测温并记录。

4.缺勤跟踪：及时清点当日来园幼儿人数，开展缺勤幼儿追踪询问，并进行详细登记，与保健医一起及时做好班级幼儿情况对接工作。

5.与家长简短、有效沟通或建议家长提前发微信沟通，及时了解家长与幼儿的需求，以便提供个性化生活和教育指导。

三、餐前盥洗、餐前准备环节

1.组织幼儿分散、安静地游戏。

2.组织幼儿分批、分性别如厕，做好幼儿如厕、盥洗的观察与指导。

四、三餐环节

1.主、配班教师佩戴围裙和帽子。餐前，两位教师在盥洗室、活动室相应位置站好，组织幼儿按班级地面设置的指示方向有序、分批进行盥洗。

2.确保盥洗室内幼儿人数与水龙头个数一致。幼儿盥洗后，按相应指示方向回到有"就餐标记"的座位进餐，引导幼儿洗手后扣好双手、不乱摸。

3.组织幼儿按照每桌两人的安排坐到有"就餐标记"的位置进餐，相互之间不交谈。

4.播放就餐音乐，随时进行科学营养健康教育。

5.为减少幼儿聚集，教师直接给幼儿分餐。

6.巡视幼儿进餐量，及时为幼儿添饭。引导幼儿进餐时细嚼慢咽，安静进餐。待咽下最后一口食物，再起身送餐具。

7.主、配班教师做好分工，其中一位教师组织进餐完毕的幼儿有序地到盥洗室漱口、擦嘴，另一位教师组织盥洗后的幼儿到活动室指定位置进行分散游戏，提示幼儿相互之间保持距离。

五、游戏活动

1.关注幼儿游戏状态，保证幼儿在合理距离内进行游戏，做到人员不聚集。

2.投放经过清洗、消毒的玩具。

3.组织有序、分批地收放区域游戏材料。

4.保证玩具材料的数量，幼儿玩具尽量单人使用，减少多名幼儿使用同一玩具游戏的几率。

六、教育活动

1.集体活动时，幼儿座位距离尽可能地分散，充分利用户外空间，以室内、外结合的方式开展分组活动。

2.根据课程内容，有序地组织幼儿开展教学活动，关注幼儿情绪、行为表现，做好积极的心理引导。

3.班级教师相互配合，关注班里每一名幼儿的状况。

4.注重健康教育，关注幼儿的情绪、情感，培养幼儿良好的卫生习惯。

七、户外活动

1.根据园所安排，有序地组织幼儿开展错峰户外活动及间操。

2.在活动前，加强对幼儿常规的要求与安全提示。

3.两位教师带领幼儿去户外活动的途中，要关注所有幼儿间隔，尤其是后面的幼儿。

4.户外活动时，要关注幼儿的精神状态、身体状况及活动量。活动量要适度，注意适当休息，避免过度疲劳。

5.户外玩具准备充分并及时消毒。注重幼儿自选游戏，幼儿之间保持适当的距离。

八、盥洗、如厕、喝水、加餐环节

1.组织幼儿分批、有序地进行盥洗，提示幼儿盥洗时不聚集。

2.及时提示幼儿按照"七步洗手法"的步骤和规范洗手。

3.引导幼儿按照进餐的安排和座位落座。

4.引导幼儿安静地进食、喝水，渗透垃圾分类教育，引导幼儿把不同的垃圾扔到相应的垃圾桶内。

九、午餐后散步环节

1.午餐后，有序地组织班级幼儿到指定区域散步，提示幼儿注意保持距离，并确保安全。

2.关注个别幼儿的身心状况。

十、午睡环节

1.午睡前，指导幼儿分性别、分时、分批如厕。

2.教师组织幼儿坐在有一定间隔距离的座位上，换拖鞋、脱衣裤、脱袜子，帮助女孩解下发辫。引导幼儿上床躺好，盖好被子。

3.在幼儿午睡时，教师关注幼儿午睡情况，及时做好护理。

十一、起床及午检环节

1.教师到幼儿床前分批进行午检，为每名幼儿做体温测试，并做好相应记录。

2.组织幼儿保持一定的距离，有序起床、穿衣服。

3.保教配合，做好床铺的收拾与整理工作。

4.帮助女孩梳头，梳子专人专用，不可交叉使用。教师给一位幼儿梳完头发后，须消毒双手，方可给下一位幼儿梳头。

十二、午点环节

1.有序地组织幼儿进行盥洗及拿取午点。

2.引导幼儿按照安排好的座位落座，吃午点。

3.引导幼儿安静地进食，不浪费食物。

4.科学组织幼儿餐后游戏。注意餐后游戏强度，提醒幼儿保持间距等。

十三、晚检及离园准备环节

1.有序地组织幼儿进行晚间离园物品的整理，引导幼儿分批进行。

2.认真检测幼儿体温，并做好相应晚检记录。

3.组织幼儿有序、间隔排队准备离园。进行离园前的安全教育与文明礼仪培养。

十四、离园环节

1.按班级顺序及离园时间组织幼儿排队离园，保证将幼儿手递手地交给家长，做到安全离园。

2.培养幼儿在园门口安静地等待家长的好习惯，不嬉戏、打闹。

3.引导家长和幼儿迅速、有序地离园，不聚集，保持家园在线沟通。

4.教师与家长进行简短而有效的沟通，也可以等家长和幼儿离园后给家长发微信，沟通幼儿在园情况与家园配合要点。

第三节 保育员岗位工作规范

一、入园前准备环节

1.保育员入园严格进行测温、手部消毒，记录体温。

2.进入班级后，先洗手，再更换干净的工作服和工作鞋。

3.将班级所有门窗打开，做好开窗通风工作。夏季无特殊天气情况下，保证全天开窗通风。天气炎热、开空调时，也要保证开窗通风，时间不少于30分钟。

4.严格按照《传染病流行期环境及物品预防性消毒方法》做好清洁、消毒等各项工作。

二、早来园测温、晨检环节

1.给每位幼儿再次测温并进行记录。

2.组织幼儿有序盥洗、收放物品。提示幼儿未洗手时不触摸班级物品。洗手后，进入指定位置游戏。

3.提示幼儿放完物品后再次洗手，将干净毛巾和水杯放在自己的标识处，之后进入班级指定位置游戏。

三、餐前盥洗、餐前准备环节

1.戴好帽子、围裙后，洗净双手，做好餐前准备工作。

2.按照"清—消—清"消毒顺序擦拭桌面，做好餐前消毒工作。

四、三餐环节

1.按照"清—消—清"消毒步骤，认真对餐桌、餐车进行消毒。

2.洗手后，戴上围裙、帽子，按指定时间到食堂指定位置取餐。

3.保育员取餐时不聚集、排在一米线位置依次等候取餐。取餐时不交叉、不相互帮助。

4.给幼儿分餐。

5.协助教师培养幼儿进餐常规，教育幼儿正确使用餐具，及时为幼儿添饭，随时进行科学营养健康教育。

6.全体幼儿进餐完毕后，做好进餐的收拾、整理工作。收拾餐具，擦桌子、扫地、擦地，洗净并消毒毛巾后晾晒。用一定浓度的消毒水对桌面、地面进行全面消毒。

7.处理厨余垃圾。

8.如遇幼儿呕吐等情况，应立即为幼儿进行清洗、擦拭，并为幼儿戴上口罩，送保健室，让保健医检查。呕吐物清理后，要及时用消毒水消毒。提醒其他幼儿远离患病幼儿。

五、游戏活动

1.游戏前，配合教师准备场地和玩具材料。

2.配合主班教师做好幼儿游戏的观察与指导。

3.指导幼儿有序地收拾、整理玩具和物品，保证环境整洁。

4.游戏结束后，按要求进行玩、教具的清洗和消毒。

六、教育活动

1.配合主班教师进行教育活动。活动前，协助教师准备好教具及学具。活动中，巡视幼儿学习情况，纠正幼儿不良习惯，帮助幼儿整理物品。

2.巡视幼儿在教学活动中的情绪、身体等状况，并给予积极引导。

七、户外活动

1.户外活动前，开窗通风、扫地、擦地。保证盥洗室地面无水渍。

2.配合教师做好准备工作，清理场地，准备体育器材。小班保育员帮助幼儿整理服装，中、大班保育员提醒幼儿整理服装并进行检查。

3.户外活动前，准备好干湿纸巾及免洗洗手液供幼儿使用。湿纸巾用来给幼儿擦脸部、手部的脏泥；干纸巾用来给幼儿擦汗。

4.在活动中细心照顾幼儿。幼儿分组游戏时，配合教师指导幼儿游戏，观察幼儿在活动中的表现。

5.注意幼儿在游戏时的间隔距离。

6.贯彻活动方案。根据幼儿身体状况和天气情况，提醒幼儿运动量要适宜，注意对个别幼儿进行指导，以自身对体育活动的兴趣带动幼儿进行体育活动。

7.游戏材料用后需及时消毒。

八、盥洗、如厕、喝水、加餐环节

1.看护幼儿有序喝水，不聚集。为幼儿饮水提供方便，确保幼儿有序、分散饮水。

2.关注幼儿饮水量，保障幼儿饮水充足。

3.指导幼儿对垃圾进行分类。

4.上、下午分时段对幼儿使用的厕所墙面、地面等进行全面消毒。

5.幼儿一律不得使用户外公共卫生间和楼道内的公共卫生间。教师需带领幼儿回本班如厕。

6.提示幼儿有序地从自己的标识处取餐，不交叉取餐，不相互帮助取餐。

九、午餐后散步环节

1.做好餐后收拾、整理及厨余垃圾清理工作，及时擦拭地面、消毒。

2.提前做好幼儿午睡床铺摆放、睡眠室场地的整理工作。可以充分利用本班所有有效空间，间隔一定距离摆放幼儿床铺。

十、午睡环节

1.在打扫卫生后，协助教师组织幼儿入睡。

2.为幼儿创设良好的午睡环境。提前检查睡眠室温度，天气炎热、开空调时，保证室内温度不得低于28℃。

3.准备下午的午点，补充幼儿饮用水。

4.保育员对水房、厕所的墙面、地面进行全面消毒。

十一、起床及午检环节

1.配合主班教师组织幼儿起床、午检，做好相应的记录。

2.开窗通风、湿式清扫床铺，整理睡眠室、盥洗室、卫生间，做好清洁工作。

3.用消毒液对使用过的梳子浸泡消毒。

十二、午点环节

1.清扫、消毒睡眠室地面卫生，并将床铺放置在指定位置。

2.整理好班级幼儿午点所用餐具，清洗干净后，送厨房消毒。

十三、晚检及离园准备环节

1.做好餐后的清洁、卫生消毒工作。

2.清扫地面并消毒地面。

十四、离园环节

1.配合主班教师做好幼儿晚间离园工作，保证幼儿间隔适当的距离及人身安全。

2.按照《传染病流行期间班级日常消毒要求与细则》做好清洁和消毒工作。

3.分类处理班里的垃圾。

4.做好晚间离园前关门、关窗、关水、关电工作。

第四节　保健医岗位工作规范

一、入园前准备环节

提前做好消毒卫生工作，并做好各项晨检物品准备。

二、来园测温、晨检环节

1.晨检时，工作人员要佩戴口罩和一次性手套为来园幼儿测体温、晨检；

对于体温≥37.3℃的人员，用水银温度计进行复测。

2.在晨检中，如果需要解除幼儿检查，检查完后，立即使用免洗消毒液进行手部消毒，再检查下一名幼儿。

3.仔细观察幼儿健康状况，精神状态、面色、有无皮疹及某些传染病的早期表现等。如有异常，不得入园。

4.传染病流行期间，幼儿不能带药。有咳嗽、流鼻涕等身体不适症状的幼儿应在家休息。痊愈后，方可来园。

三、食堂餐前准备环节

1.检查食堂前一天各项记录，包括食品留样、当天来货清单与食谱是否相符等。

2.检查食材质量。检查食堂工作人员操作是否规范。

3.检查食堂卫生和开窗通风情况。

4.检查食堂工作人员健康状况。

四、三餐环节

（一）早、午餐

1.进餐前，查看班级分批组织幼儿用"七步洗手法"进行手部清洁，提示班级教师一次不宜让太多幼儿同时洗手，避免人员聚集。

2.查看餐桌和餐车是否按"清—消—清"的顺序进行消毒。

3.指导保育员和教师分餐前应清洗双手，按要求着装（口罩、手套、头巾、分餐服）。

4.查看班级幼儿进餐情况，按带量分餐，保证幼儿营养均衡。提示教师注意幼儿就餐时保持一米以上的间隔距离。

5.及时反馈问题，包括教师在幼儿进餐中的指导语、幼儿进餐情况、食物剩余量等，重点关注本班体弱儿、肥胖儿的就餐情况。

（二）晚餐

1.检查内容同早、午餐。

2.查看班级幼儿水杯是否清洗干净。

3.查看班级幼儿毛巾是否清洗、消毒，并有序悬挂、晾晒。

4.查看餐后班级盥洗室、卫生间、睡眠室等的消毒工作。

五、游戏活动及教育活动

1.查看班级考勤表、班级消毒记录、就餐人数、交接班记录本、缺勤追踪表、通风记录表、消毒浓度检测表。

2.询问班级幼儿返京、滞留、健康情况，并及时反馈保健组组长和保健工作主管领导。

3.询问教师班级幼儿身体情况。

4.检查保育员每天专项卫生工作及班级卫生消毒工作，使用消毒浓度试纸对配置好的消毒液进行检测；幼儿接触的物品是否按"清—消—清"进行消毒。

5.查看幼儿水杯与毛巾是否与幼儿人数一致。

6.查看班级防疫物资（如84消毒液、洗手液、呕吐包、免洗消毒液、酒精等）是否齐全，需在指定且有标识的地方保存，远离幼儿。

7.查看班级幼儿有无异常情况。

8.查看公共区域卫生和消毒工作。

9.查看班级消毒记录是否完成一项、填写一项，是否存在漏写或提前填写的情况。

六、户外活动

1.查看班级有无时间安排、组织幼儿户外活动。

2.检查班级开窗通风情况。

3.查看户外活动时幼儿是否保持适当的距离、有无人员聚集等情况。

4.查看户外活动场地是否安全，教师之间站位是否合理，活动是否符合幼儿年龄特点，幼儿参与度高不高，教师是否关注了体弱幼儿。

5.查看户外活动回班后，教师是否分批组织幼儿进行盥洗。

6.提示教师回班后组织幼儿补充水分。

7.指导保洁员每日定时对大型玩具进行消毒。

七、盥洗、如厕、喝水、加餐环节

1.检查班级及公共区域开窗通风情况。

2.检查班级消毒情况，使用消毒浓度试纸对配置好的消毒液进行监测。

3.关注来园幼儿进班后是否按照"七步洗手法"正确清洗双手，然后再接触其他物品。

4.检查餐桌的桌面消毒、幼儿进餐及进餐间隔距离等情况。

5.提醒保教人员注意幼儿打喷嚏、咳嗽时的礼仪。

八、午睡环节

1.查看睡眠室室内温度和湿度、幼儿入睡情况、值班教师有无定时巡视。

2.检查幼儿床位是否首尾相对，床与床之间有没有保持适当的距离。

九、起床及午检环节

1.查看班级卫生间消毒情况。

2.查看水果质量及切配情况。切水果时间不得早于13：30。

3.做好幼儿的午检工作，查看有无异常。

4.查看班级幼儿起床情况，有无异常。

5.查看幼儿起床后，睡眠室是否开窗通风了。

十、午点环节

1.查看水果质量及切配情况。切水果时间不得早于13：30。

2.查看班级幼儿吃水果情况。

十一、晚检及离园准备环节

1.保健室开窗通风。

2.做好保健室的卫生和消毒工作（包括地面、窗台、办公桌、卫生间、水池、资料柜等）。

3.准备第二天晨检需要的物品，如健康卡、免洗消毒液、晨检椅、体温计、测温枪、酒精棉片、医用手套、幼儿及家长异常体温登记表。

十二、离园环节

1.查看各班幼儿个人物品、玩具、班级环境的清洁和消毒情况。

2.查看食堂开窗通风情况及食堂环境卫生与消毒情况。

3.检查食堂工作人员操作是否规范。

4.查看食堂垃圾桶是否清空并消毒。

5.查看地漏是否需要清理。

6.了解全园教职工健康状况。

7.了解全园幼儿健康状况。

8.了解各班幼儿离京、返京、隔离情况。

9.进班检查消毒卫生工作。

第五节 食堂工作人员岗位工作规范

一、全面负责食堂的组织管理和协调工作，对食堂的环境卫生、食品卫生安全、幼儿及成人伙食质量负责，保证食堂工作的正常运转。

二、对幼儿及成人膳食安排做到心中有数，按食谱做饭，对所需食品要提前开出菜单，交付食品采购人员采买。

三、严格执行食品卫生制度，严把采购、验收关，确保食品原料的食品质量。严把食品加工关，确保食品卫生安全，杜绝食物中毒事故的发生。

四、严格执行《幼儿园卫生保健制度》，督促食堂工作人员按各班幼儿出勤人数准备餐具，保证每位幼儿一盘一碗一筷（勺）。严格做到幼儿与成人伙食分开制度。

五、带头钻研业务，不断提高烹饪水平，努力创新，与保健医一起进行幼儿伙食的分析和调配工作，带头到各班了解幼儿进餐情况，不断发现问题，改善幼儿伙食，确保幼儿吃饱、吃好，摄取足够的营养。

六、协助园领导加强食堂工作人员的思想政治工作，充分调动食堂工作人员的积极性，努力提高服务水平。

七、严格库房管理，对库房物品及时整理、清点，及时进货。标识明显，确保在食品保质期内使用。

第六节　保安岗位工作规范

保安岗位工作规范为科学、有效地应对突发情况、守护校园安全、确保教职工和幼儿的生命安全提供了有力的保障和参考。门卫作为幼儿园安全的第一关，非常重要，特制订此工作规范。

一、幼儿园保安需持有有效的健康证明，保持良好的个人卫生，穿戴制服，佩戴口罩。

二、保安负责幼儿园的安全保卫工作，严格会客制度，对外来人员进行登记管理。幼儿园实行封闭式管理，禁止一切外来人员进入园内。如因特殊原因需要进入幼儿园的外来人员必须出示身份证明，进入幼儿园前测量体温、查询并出示"北京健康宝"，进行手部消毒，按要求做好登记工作，并请有关人员去门卫室带其入园。园内上班时间不可接待来访者，如有需要可在门卫室接待，行政人员做好记录。

三、坚守岗位，做好安全保卫工作。幼儿来园、离园时，要服从保安的管理。保安负责维持家长秩序。幼儿离园时，要认真查看家长接送卡。如家长忘带接送卡，要及时和班里教师确认并做好登记。严防幼儿擅自离园等安全事故的发生。

四、主动、热情地做好家长接待工作，提醒家长按时接送幼儿。幼儿中途离园，必须出具中途离园证明，并由班里教师把幼儿送到家长身边。

五、上班时不接待任何客人，遵守幼儿园各项规章制度，严格执行交接班制度，严守职责，不擅自离开岗位，不空岗，工作时间不搞个人副业。请假需提前向园领导报告，经领导批准方可休假。

六、认真做好活动器具的整理和保管工作，重要器具上锁或移至室内，协助幼儿园做一些力所能及的事情。

七、严格做好自己的出勤签到，不得迟到、早退，更不得弄虚作假。

八、幼儿离园后，要认真巡视，检查水、电是否关闭，锁好门锁，按时巡视幼儿园，发现可疑情况及时处理。

九、做好门卫室、园门口周围区域的卫生清洁工作。园门口周围无垃圾和车辆，门卫室物品摆放整齐、有序。

第四章　健康安全责任书

第一节　幼儿健康安全责任书

班级：×××　　　　　姓名：×××

为筑好传染病防控安全防线，切实做好幼儿健康、安全保障工作，特与家长签订《幼儿健康安全责任书》。

一、幼儿入园须确保在京居家生活满14天，未接触过传染病确诊、疑似病例和返境人员，身体状况良好，无发烧、咳嗽、乏力等症状，无手足口等常见传染性疾病。

二、坚持每日在家晨、晚健康检查。发现异常，及时报告班主任教师。不得瞒报、谎报，同时居家隔离观察或就医。

三、幼儿每天入园、离园由固定家长接送。途中需佩戴口罩。入园、离园途中尽量步行或者乘坐私家车。如必须乘坐公共交通工具，务必加强途中自我防护，不得在途中摘下口罩、逗留、玩耍。

四、不离开北京市，不参加聚集性活动，做好幼儿和家庭成员的监管工作，不聚会，不聚餐，不到闹市、景区游玩。

五、幼儿家长要根据天气变化给幼儿增减衣物，防止幼儿感冒。减少前往人员密集场所，如必须外出，做好防护工作。

六、切实履行监护职责，如因未履行职责或履行职责不到位而引发传染病传播和扩散的，将依法追究监护人的责任。

幼儿家长：×××

20××年×月×日

第二节　教职工健康安全责任书

幼儿园工作具有特殊性，为有效落实传染病防控工作，筑牢安全防线，将病毒排除在幼儿园外，确保在园师幼安全，特签订此安全责任书，并履行以下职责：

一、坚持做好每日三次健康监测和登记工作，不得带病上岗。如生病，不得瞒报、谎报、漏报。

二、严格开展幼儿园环境整治行动，全方位做好卫生消毒工作，保持个人卫生、整洁，坚持佩戴口罩。

三、保持社交距离，坚持两点一线，做好个人和家庭成员健康管理，做到不聚会，不聚餐，不走亲访友等。

四、原则上不得离开北京，上、下班尽量步行或乘坐私家车，如需乘坐公共交通工具，务必加强途中自我防护，不得麻痹大意、放松警惕。

五、全体教职工要严格按照本责任书的规定，切实履行职责。如因未履行职责或履行职责不到位而造成传染病突发事故，将依法、依规对有关责任人进行责任追究。

承诺人：×××

20××年×月×日

第三节　家长健康安全责任书

我是××班幼儿××的家长，在此郑重承诺：

一、自觉遵守国家和幼儿园出台的各项传染病防控规定，不到人员密集处活动，出行佩戴口罩，遵守幼儿园防控人员健康登记、体温检测等规定。

二、根据传染病防控需要如实报告相关信息，不隐瞒与疑似感染者接触史。有异常情况，及时汇报并与幼儿园沟通。

三、及时关注班主任教师的信息。每天负责督促幼儿在来园前认真进行体温检测，如果出现体温异常（超过37.3℃），绝不隐瞒实情，并积极按照有关规定在家观察、休息或到医院检查，同时及时通知班主任。

四、承诺与幼儿共同生活居住的家庭成员及相关人员已在京满21天，并持有21天健康观察记录或者在京不满21天人员已进行核酸检测并且结果呈阴性。

五、承诺儿童复园时身体状况良好，未患传染性疾病。

六、认真践行家园合作的理念，尽到家长应尽的责任与义务，为保证幼儿园教学工作的顺利开展，一定积极、主动地配合幼儿园的一切相关工作。

　　以上承诺内容，本人和全体家庭成员坚决遵守，如有违反，愿承担一切纪律及法律责任。

承诺人（家长签字）：×××

20××年×月×日

第六篇 保 教 篇

第一章 教师一日保教工作要点（表6-1）

表6-1 教师一日保教工作要点

时间	项目	工 作 要 点
开园前	开园前准备	1.每位教师要进行开学前体检工作，保证自身安全和健康 2.做好保教及传染病等相关培训：每位教师要学习掌握防疫知识、政策措施、应急预案；了解春、夏常见传染病及其预防常识，熟知疾病的应急处理流程；将工作规范与操作流程熟记于心 3.按要求通知家长做好幼儿健康检查及相关工作。通过家访等形式了解幼儿过敏史、疾病史等信息，做到心中有数 4.按照传染病期间消杀要求，责任到人。对幼儿园各点位做好清洁卫生、消毒工作，不留卫生死角。加强室内紫外线消毒，并做好消杀记录 5.做好幼儿园文化建设与环境优化。按保教及卫生保健要求，班级更新并完善环境创设，补充和更新游戏区域材料 6.做好开学前宣教工作，让家长了解相关政策及入园要求，明确责任 7.做好家园共育工作，指导家长和幼儿了解幼儿园一日流程，做好入园、离园等工作
开园后	幼儿进班前	1.环境准备：开窗通风不少于30分钟；餐前卫生消毒；物品摆放整齐 2.物资准备：班级消毒用品等准备充足；幼儿盥洗室洗手液或肥皂、厕纸等准备充足；幼儿饭后擦嘴纸巾准备充足 3.教师分工：主班教师在指定区域准备接待幼儿，配班教师做好晨间活动材料准备，保育员做好餐前消杀等工作（教师接待幼儿前、后做好手部清洗、消毒工作）

（续）

时间	项目	工 作 要 点
开园后	入园晨检	1.教师分工：保健医负责在操场迎接幼儿入园，进行晨检并测量幼儿体温，发放健康卡；主班教师在班级门口迎接幼儿，再次测体温，关注幼儿健康卡情况，并组织幼儿晨间活动。保育员组织幼儿洗手并做好体温测查记录 2.工作要点：（1）晨检：观察幼儿健康情况，是否出现干咳、鼻塞、流鼻涕、喘粗气、呼吸困难、腹泻等症状。如发现幼儿体温≥37.3℃，通知保健医，将幼儿接到隔离观察室进行观察，并向保健主管领导说明情况，同时通知家长 （2）手部消毒：组织幼儿分批进入盥洗室，指导幼儿严格按照"七步洗手法"洗手、擦手。晨间接待活动结束后，负责接待幼儿的教师需洗手消毒后再进入活动室 （3）缺勤跟踪：及时清点当日来园幼儿人数，开展缺勤幼儿追踪询问，并进行详细登记，与保健医及时做好班级幼儿情况对接工作
	饮水活动	1.教师分工：保育员提前做好饮水机水龙头消毒工作，关注幼儿洗手情况。主班教师组织幼儿按地面设置的指示线方向有序、分批、保持距离、按标识取用自己的水杯；配班教师看护、提醒幼儿，不与同伴混用水杯，不随意触碰他人水杯 2.工作要点：（1）喝水前，引导幼儿严格按照"七步洗手法"正确洗手，洗手过程不少于30秒，揉搓时间不少于15秒 （2）取水饮水时，水杯要确保每天一人一用一消毒。取水后将水杯放至水杯格中，注意不要触碰其他幼儿的水杯 （3）适当增加幼儿饮水量，除集体饮水外，其余时间提醒幼儿按需饮水
	盥洗、如厕	1.教师分工：主班教师组织室内幼儿分组盥洗、如厕。配班教师在盥洗间指导幼儿盥洗、如厕，检查洗手、擦手情况；保育员做好幼儿排队间距和秩序的维护 2.工作要点：（1）错峰使用盥洗室。幼儿按地面设置的指示线方向有序、分批、保持间距、排队进入盥洗室，避免幼儿聚集 （2）指导幼儿严格按照"七步洗手法"正确洗手，洗手过程不少于30秒，揉搓时间不少于15秒 （3）严格按照对应标识取用毛巾，坚持一人一巾，正确擦手 （4）盥洗室使用后，对便池、按键、地面等进行消毒
	集体教学	1.环境准备：集体活动时，将玩具柜等靠边，留出足够的空间作为教学区，保证幼儿活动空间 2.教师分工：主班教师组织开展集体教育活动；配班教师关注幼儿活动秩序及安全；保育员关注幼儿活动中的卫生习惯 3.工作要点：（1）集体活动时关注幼儿情况，有针对性地指导。（2）组织幼儿分组、有序就坐，不近距离交谈。（3）结合幼儿年龄特点，开展健康教育、养成教育、生命教育、安全教育、感恩教育等活动

（续）

时间	项目	工 作 要 点
开园后	游戏活动	室内游戏活动： 　　1.利用柜子隔开活动区，保证幼儿之间的距离，不拥挤；拉大游戏区，最大化地利用游戏区域，保障幼儿充足的活动空间 　　2.组织幼儿选择相对独立空间的游戏区进行游戏，不扎堆 　　3.随时观察幼儿情绪、身体状况有无异常。如有异常，立即按照应急流程处理 　　4.活动结束后，及时组织幼儿用"七步洗手法"洗手，对玩具进行消毒 　　户外游戏活动： 　　1.各年龄班组按地面设置的指示线方向有序、分时、分区、分组、错峰开展活动，最大限度地保持班与班之间的距离，不扎堆，避免交叉活动 　　2.关注传染病流行期间"游戏常规""游戏中的安全和卫生"等 　　3.活动中，提醒幼儿保持距离，不随便触碰物品或用不干净的手接触眼睛、口、鼻等 　　4.活动中，关注幼儿身体状况，根据幼儿面色、出汗、心跳等情况及时调整活动内容和活动量 　　5.活动后，组织幼儿如厕、盥洗，对分散活动使用的户外玩具进行消毒 　　各功能教室游戏活动： 　　1.各年龄班组做好计划和安排，分组、分时段使用美术、音乐等功能教室 　　2.按照幼儿人数分区、分时段进行活动，最大化地利用各功能教室，保障幼儿充足的活动空间 　　3.组织幼儿进行游戏时不扎堆，保持距离，避免近距离接触 　　4.随时观察幼儿的情绪、身体情况有无异常 　　5.活动结束后，及时组织幼儿用"七步洗手法"洗手 　　6.各功能教室需一用一消毒，班级之间共用，需在消毒后至少间隔30分钟后方可使用
	进餐活动	进餐前： 　　1.进餐前20分钟，保育员对用餐环境、桌面等进行消毒 　　2.主班教师在组织幼儿按地面设置的指示线方向有序、分组进行如厕、盥洗，开展养成教育活动。配班教师在盥洗间指导幼儿盥洗。两位老师分工配合，各有各的站位 　　3.教师穿开餐工作服，佩戴开餐口罩和手套 　　4.摆放餐桌时注意餐桌之间的安全距离 　　5.播放就餐音乐

（续）

时间	项目	工 作 要 点
开园后	进餐活动	分餐时： 1.教师穿开餐服，佩戴开餐口罩和手套，为幼儿分餐、送餐 2.传染病流行期间，幼儿添饭、添菜、添汤时示意教师，教师帮助幼儿添加，避免来回走动 进餐时： 1.引导幼儿安静进餐，不交谈，观察幼儿进餐情况及健康状况 2.提醒幼儿按照分餐制就餐，不碰触别人的食物、碗筷，不用手抓饭菜，不吃掉在桌上或地上的饭菜 3.发现食欲不好或者不想吃饭的幼儿要及时带离餐桌，询问并安抚。必要时，报告保健医，及时处理 进餐后： 1.指导幼儿餐后送餐具、用湿巾正确擦嘴，并按标识使用自己的口杯漱口或刷牙。漱口后，将杯子清洗干净，归位 2.教师分工：主班教师组织进餐完毕的幼儿送餐具，擦嘴，漱口或刷牙，午饭后在走廊里缓慢地、保持一定距离地散步。配班教师组织余下幼儿进餐。保育员在餐后对桌面、教室、盥洗室进行全面消毒 3.全体幼儿进餐结束后，分批组织幼儿进行睡前盥洗、如厕、洗手，要求同盥洗、如厕要求一致
	午睡及午检	午睡前： 1.做好午检工作，睡前师幼体温检测及健康检查，如有异常情况，及时处理并上报 2.幼儿上床前严格做好手部消毒，以免午睡中幼儿将手放进嘴里或用手揉眼、抠鼻时感染病毒 3.组织幼儿搬小椅子，注意幼儿之间保持距离 4.每位幼儿脱下的衣物叠好后，分开存放在自己的小椅子上，不能混放在一起 5.做好错位就寝调整，避免相邻床位的幼儿睡觉时头挨头。注意引导幼儿掌握上、下床方法，确保安全 午睡中： 1.注意睡眠室的开窗通风，保持空气流通 2.做好巡视检查和幼儿午睡安全管理，纠正幼儿睡姿，随时关注幼儿身体状况是否有异常。如有异常，及时处理并上报 3.幼儿午睡中需到厕所如厕时，教师陪同并看护。如厕后，教师做好厕所清洁工作，提醒幼儿做好手部消毒 起床时： 1.组织幼儿分批起床、盥洗 2.起床后，再次进行午检，体温检测、记录，查看幼儿精神状态和身体状况。如有异常，按应急流程处置并上报

（续）

时间	项目	工　作　要　点
开园后	加餐	1.教师严格按照加餐操作流程进行餐具、桌面等的清洁和消毒工作，领取奶制品、水果和干果 2.加餐前，组织幼儿分组如厕、盥洗，同如厕、盥洗要求一致 3.幼儿取餐流程及要求同午餐要求一致 4.幼儿食用加餐同午餐要求一致 5.加餐后，教师及时对餐盘等器具进行清洗和消毒
	晚检及离园	教师分工：主班教师组织幼儿活动，配班教师与保育员对幼儿进行晚检 　工作要点：（1）组织幼儿有序盥洗、整理个人物品。（2）开展师幼离园前的晚检工作。（3）开展离园前的安全教育，强调回家途中的安全注意事项 　离园组织：（1）按照离园流程指示，提醒幼儿排队、注意下楼梯安全等。（2）在指定时间、路线、区域内组织幼儿有序排队等候，注意人与人之间、班与班之间保持安全距离。（3）要求家长不扎堆，在一米线外有序等候，不在队伍里穿插。教师有序地将幼儿手递手交给家长

备注：

1.一日活动各环节严格按照消毒的规范和要求做实、做细消毒工作，确保消毒液配比正确，消毒点位、消毒时长到位。

2.做好教室、睡眠室、盥洗室通风工作，每日通风不少于3次，每次通风不少于30分钟，每日通风累计不少于2小时。

3.师幼要养成良好的卫生习惯：不随地吐痰，口、鼻分泌物用纸巾包好，丢入垃圾桶，或将痰吐在马桶里，用水冲掉。提醒幼儿注意咳嗽和打喷嚏礼仪，使用正确咳嗽、打喷嚏的方法，用纸巾、手绢或手肘捂住口、鼻。

4.做好师幼个人物品管理和使用，避免造成交叉感染。

5.一日活动各个环节关注师幼健康状况，如发现异常情况，按照《防治传染病应急预案》的要求和流程，做好隔离、上报等工作。

第二章　保教活动指导建议

第一节　背景分析

一、学情分析

《纲要》中明确指出：幼儿园必须把保护幼儿的生命和促进幼儿的健康放在工作首位。树立正确的健康观念，重视幼儿身体健康，同时高度重视幼儿心理健康。无论是传染病流行期间，还是漫长的假期，都会对幼儿的保育教育产生一定的影响，幼儿居家生活活动范围和活动内容也大大地受到约束和限制。幼儿的生活作息和之前在幼儿园集体生活中养成的常规与习惯，也因此有了一定的变化，需要帮助幼儿重新调整作息规律，培养幼儿一日常规，确保幼儿在园的一日活动有序推进。另外，幼儿自身防护意识和能力较弱，需要对幼儿进行安全教育，做好传染病常态化的防控工作，针对"传染病生活防护"，教师们有针对性地计划和安排幼儿生活活动和保教活动，引导幼儿做好个人防护，注意自身安全和健康，让幼儿尽快回归正常的生活和心理状态。

二、教情分析

传染病后或假期过后，教育、教学对教师来说都具有一定的挑战性。一是要处理好传染病期间居家办公学习与开园后恢复正常教学的关系和衔接。二是要统筹好传染病防控与教育、教学的关系。三是现阶段一日活动要明确思路，做好切实可行、科学的活动方案，做实、做细幼儿传染病常态化防控期间一日生活各个环节的工作，确保安全、平稳、有序地开展教育活动。

据此，我园把开园第一个月作为常规养成教育的"黄金月"，本月将以"生活、健康、运动、学习、游戏"为活动载体，以健康教育、养成教育和德育教育为主，开展卫生保健、自我保护、常规习惯培养等方面的活动。在此期间，幼儿园不组织大型集体活动。

第二节　保教总目标及教研形式

一、保教总目标

1.引导幼儿熟悉并遵守现阶段一日生活各环节中的规则与要求，加强常规教育和安全教育，确保一日活动有序开展。

2.帮助幼儿了解预防疾病的好方法，树立自信心，爱护自己的身体，使幼儿提升自我防范的意识和能力。

3.鼓励幼儿勇敢地表达自己的感受。教师要多包容幼儿，加强正面引导幼儿，让幼儿保持良好的情绪和状态。

4.组织、开展适合幼儿的主题教育，探讨健康、规则、生命、环保等话题，帮助幼儿养成健康、良好的生活方式和行为习惯，同时可以从"身边有爱，感恩有你"的角度出发，帮助幼儿了解社会中有责任感的各个群体，引导幼儿学会感恩。

二、教研形式

根据幼儿园工作计划，实施年级组长负责制，由年级组长制订本年龄组教研计划，根据教研计划开展线上和分散教研。

第三节 指导建议

一、开园第一天

（一）保教目标

1.开园第一课

教师以健康、安全、养成教育为主要内容，通过观看视频、防护演练、集体教学等方式开展保教活动。

2.保教常规活动

学习新的活动规则，特别是入园、离园的方式与要求，并引导幼儿遵守。关注幼儿身体状况及情绪变化，引导幼儿主动表达感受与需求，及时进行心理疏导和健康护理。

（二）活动预设（表6-2）

表6-2　开园第一天教育活动预设

班　　级	小　　班	中　　班	大　　班
开园第一课	七步洗手法		
其他保教活动	常规演练活动、良好卫生习惯的养成		

（三）指导建议

1.开展开园第一课

各年龄班抓住幼儿年龄特点，从幼儿视角出发，通过开展不同活动让幼儿交流自我防护方法、了解医护人员的辛苦付出、学会感恩等，注意留存过程性资料。小班侧重了解健康卫生好习惯，中班侧重自我保护经验的提升，大班侧重社会情感的分享，开展相关教学活动。

2.保教活动主要内容及方式

保教活动的主要内容包括户外活动、上下楼梯、盥洗、排队、进餐、午睡、入园、离园、佩戴口罩等，可以采用情景模拟、实操演练、经验分享等方式组织幼儿开展相关活动。

3.实施原则

尊重不同年龄段幼儿的年龄特点，要根据实际情况调整预设的保教活动方案，丰富活动形式，提高活动质量，多种举措推进保教活动的落实。

二、开园第一周

（一）保教目标

1.巩固和提升幼儿生活自理能力，强化良好的睡眠、如厕、盥洗、饮食等生活卫生习惯。

2.帮助幼儿快速适应幼儿园集体生活，引导幼儿熟悉环境，了解一日活动流程与规则。

3.引导幼儿学会调控自己的情绪，鼓励幼儿主动表达、分享自己的情绪与想法，适时调节消极情绪。

（二）活动预设（表6-3）

表6-3　开园第一周教育活动计划表

班级＼星期	星期一	星期二	星期三	星期四	星期五
小班	常规演练活动	七步洗手法	口罩小卫士	病毒来了，我不怕	吃饭歌
			打喷嚏	睡午觉	洗洗小小手
			不舒服了怎么办	排队小火车	喝水歌
中班	常规演练活动	七步洗手法	不一样的春节	有营养的菜	七步洗手法
			如何正确戴口罩	捂住口鼻打喷嚏	午睡小达人
			病毒来了怎么办	排队安全距离	爱运动更健康
大班	常规演练活动	七步洗手法	数字防疫歌	一起来排队	勤洗手，讲卫生
			口罩保护小妙招	一起赶走大病毒	盥洗小标兵
			睡眠很重要	吃健康的食物	如果地球被我们吃掉了

（三）指导建议

1.各班级可以根据本班幼儿实际情况调整活动时间和重点，以巩固和深化幼儿常规习惯的养成。

2.根据本周保教目标和每日具体活动主题，自主设定活动目标，将每日活动分解到生活、运动、学习、游戏等不同环节中开展。

3.各班可在预设活动的主题内容上进行延伸或生成。

第四节　活动案例

一、小班活动案例

活动1：病毒来了，我不怕

教师：张　娜

活动由来：

由于传染病的原因，幼儿在家度过了一个超长的假期，初步地了解了传染病的危害。教师结合幼儿已有经验，准备帮助幼儿梳理并提升预防传染病的经验，不害怕病毒，知道病毒是可防、可控的，加强幼儿自我防护意识。

活动目标：

1.初步了解传染病病毒传播的方式和途径。

2.通过儿歌掌握预防传染病的方法。

3.不害怕病毒，养成良好的卫生习惯。

活动重点：学儿歌，掌握预防传染病的方法。

活动难点：了解防疫知识，做好个人防护。

活动准备：传染病病毒的图片及相关信息，洗手、戴口罩的图片，儿歌《预防传染病》。

活动过程：

（一）开始部分

图片导入，引导幼儿认识传染病病毒。

教师：小朋友们，这个假期，我们都认识了一种病毒，一起来看看，它是谁吧？

教师出示传染病病毒的图片。

病毒：我是病毒中的一员，别看我很小很小，我可是很厉害！

教师：我们都知道这个病毒，那它们出现了，人们会发生什么不好的事情呢？

病毒：我们是一群坏家伙，会跑到不讲卫生的小朋友身体里，让小朋友咳嗽、发烧，感到不舒服，然后这个小朋友就生病了。我们会在生病小朋友打喷嚏、咳嗽的时候，跑到旁边的人身上，那个人也会生病，再通过他传给别的接触者。我们传播的速度非常快！

（二）过程部分

1.了解传染病病毒。

教师：小朋友们，刚才，你们都听到病毒说的话了吧！它们是怎样传播的呀？

幼儿自由回答。

教师：小朋友们，你们知道怎样预防传染病病毒吗？

幼儿自由回答，回忆并讲述传染病期间了解到的预防知识。

教师：小朋友们说得都很对，我们在家里要勤开窗、通风，保证室内有新鲜的空气，外出一定要戴上口罩，做好防护，不去人多的地方，并且一定要用正确的方法勤洗手。

教师：老师给小朋友们带来了一个预防传染病的好方法，一起听一听吧！

2.用儿歌小结预防传染病的方法。

附儿歌：

预防传染病

勤洗手，戴口罩。

打喷嚏，肘捂嘴。

医用酒精擦一擦。

人多密集待在家。

传染病，不可怕。

做好防护远离它。

（三）结束部分

教师：只要我们科学防护，传染病并不可怕。小朋友们平时一定要好好吃饭，不挑食，多多锻炼身体，保证健康的体魄，勤洗手，消灭细菌，打喷嚏要用肘捂住嘴，病毒就不敢来喽！

活动2：洗洗小小手

教师：张　娜

活动由来：

传染病给人们的身体健康带来了危害，让小班幼儿了解病毒的危害并掌握正确的防护方法尤为重要。小班幼儿年龄较小，自我保护意识较差，洗手不认真、不干净。教师根据小班幼儿爱模仿的特点，把洗手的过程编成朗朗上口的儿歌，通过边说儿歌边洗手的方式让幼儿学会正确的洗手方法，从而养成勤洗手、讲卫生的好习惯。

活动目标：

1.通过儿歌掌握正确的洗手方法。

2.培养爱清洁、讲卫生的好习惯。

活动重点：通过儿歌掌握正确的洗手方法。

活动难点：爱清洁，能按正确的洗手方法洗手。

活动准备：病毒图片、脏脏的小手图片、干净的手图片、面粉、儿歌《洗手歌》。

活动过程：

（一）开始部分

出示病毒图片，激发幼儿兴趣。

教师：小朋友们知道这个病毒是谁吗？它叫什么名字？

（二）过程部分

1.出示脏脏的小手图片。

教师：我们看一看，这个小朋友的手是干净的、还是脏脏的？手上有什么东西啊？那怎样才能把小手变干净呢？

幼儿：脏脏的。有很多病毒。要洗手才能变干净。

2.了解病毒会从手上传播到很多地方。

教师：小朋友们都知道洗手才能让手变干净。如果不洗手，会怎样呢？老师给小朋友们带来了一件神奇的东西——面粉。我们把面粉看作病毒，老师的手上沾满了面粉。我摸摸衣服，面粉跑到哪里去了？

幼儿：衣服上。

教师：那我再用手摸摸我的脸，面粉是不是跑到我的脸上啦？

幼儿：对！

小结：手上沾的面粉摸到哪儿就会把面粉带到哪儿。如果把面粉看作是病毒，是不是沾得到处都是，特别可怕。

3.洗一洗：教师示范洗手的正确步骤，边洗手边念儿歌。

教师：现在，我们要消灭手上的病毒，需要怎么做呢？（洗手）

教师：洗手就能把病毒打败，但是不是用水冲一冲，手上的病毒就没有了呢？不是的，我们要用小肥皂仔细洗，才能把手洗干净。现在，跟着老师的小儿歌一起洗手，把手上的病毒都消灭掉吧！

（三）结束部分

教师出示病毒图片，介绍病毒的传播方式与病毒的危害，引导幼儿了解有很多医生、护士在与病毒抗争，激发幼儿树立预防传染病的信心。小朋友们也能当一名"抵抗"病毒的小勇士，出门记得戴上小口罩，在家也要勤洗手。

附儿歌：

洗 手 歌

小宝贝，来来来，

我们一起去洗手。

手心搓，手背搓，

不要忘了交叉搓。

大拇指，转一转，

两个小手勾勾勾。

小小手指抓一抓，

小小手腕搓搓搓。

打开水龙头，冲掉肥皂沫。

关上水龙头，轻轻甩三下，1、2、3。

活动3：口罩小卫士

教师：张 娜

活动由来：

因为传染病的原因，所有人出门都需要佩戴口罩。可是，小朋友们对戴口罩并没什么概念，通过这次活动可以让幼儿了解戴口罩的作用及意义。

活动目标：

1.纠正幼儿戴口罩的误区，了解戴口罩的作用及意义。

2.了解选择与佩戴口罩的正确方法。

3.出门主动戴好口罩，并愿意提醒家人戴口罩。

活动重点： 了解选择与佩戴口罩的正确方法。

活动难点： 愿意主动戴好口罩。

活动准备：《口罩侠》绘本故事。

活动过程：

（一）开始部分

观看绘本封面，以提问的形式，激发幼儿兴趣。

提问：看看，这是谁？我们的好朋友——小口罩。

（二）过程部分

1.引出故事内容，吸引幼儿阅读兴趣。

教师：今天，我们的口罩好朋友似乎遇到了一个难题。我们一起来看一看吧！

2.欣赏故事前半部分。

提问：故事中，发生了什么事情？这个小朋友为什么不愿意戴口罩？

幼儿自由讨论。

3.欣赏故事后半部分。

提问：口罩侠说了什么？最后，这个小朋友戴上口罩了吗？

幼儿根据故事情节自由回答。

4.引导幼儿讨论戴口罩的原因。

教师：最近，小朋友们发现无论去哪里，所有人都戴上了口罩。这是为什么呢？（幼儿自由回答）

小结：因为最近有一个传染病病毒，这个家伙会从我们的鼻子、嘴巴悄悄地跑进我们的身体里，然后，我们就会生病、咳嗽、发烧，非常不舒服，所以，大家都戴上了口罩，防止病毒进入我们的身体。

5.引导幼儿思考戴口罩有什么作用。

提问：小朋友们，我们为什么要戴口罩呢？戴口罩对我们来说，有什么好处呢？

小结：因为口罩能阻止病毒侵入我们的身体，帮我们挡住病毒，保护我们的身体健康。

6.初步掌握正确戴口罩的方法。

教师：我们一起跟着儿歌学一学怎么正确戴口罩吧！

附儿歌：

口 罩 歌

先洗手，戴口罩，

分清里外很重要。

鼻、口、下巴都罩好，

压紧鼻梁莫忘掉。

活动4：不舒服了，怎么办

教师：程云满

活动由来：

小班幼儿年龄小，生活经验不足，口语表达不够准确、到位，很多时候不能准确地表达自己的感受。在自己不舒服时，不知道如何处理，这会给他们带来危害，甚至有可能造成严重的后果。因此，教师设计了本次活动，旨在帮助幼儿准确表达自己的感受。

活动目标：

1.了解生病的症状，知道身体不舒服要及时告诉大人。

2.初步了解预防生病的方法。

3.知道生病了需要打针、吃药，做个勇敢的孩子，不怕打针、吃药。

活动重点： 知道身体不舒服要及时告诉大人。

活动难点： 了解预防生病的方法。

活动准备： 洋娃娃一个、生病症状图片。

活动过程：

（一）开始部分

1.设置情景，出示洋娃娃，引出故事内容，激发幼儿兴趣。

提问：小娃娃怎么了？它为什么不开心呢？原来是身体不舒服呢！

（二）过程部分

1.提问：如果身体不舒服，应该怎么办？

给幼儿充分的时间讨论，了解幼儿的想法，激发幼儿探求知识的欲望，互相学习。

2.讨论：应该向谁求助？怎么表达？引导幼儿积极发言。

3.请幼儿互相交流常见的不舒服状态有哪些。

小结：当自己的鼻子不通气、流鼻涕、嗓子痛、头痛、咳嗽、打喷嚏，甚至发烧时，就是我们的身体不舒服了，生病了。我们要及时告诉爸爸、妈妈，在幼儿园要及时告诉老师。

（三）结束部分

出示生病症状图片，邀请幼儿说一说身体不舒服的症状有哪些，应该怎样预防疾病。

活动5：睡午觉

教师：朱建云

活动由来：

由于传染病流行导致刚刚上小班的幼儿长时间待在家里，不能去幼儿园，在幼儿园刚刚养成的生活规律又打乱了。为了让幼儿养成午休的好习惯，教师设计了本次活动，希望幼儿在学儿歌的同时，知道每天要按时午休。

活动目标：

1.培养幼儿正确的睡觉姿势。

2.能够流畅地说儿歌，形象地表演儿歌内容。

3.养成每天睡午觉的习惯。

活动重点： 能够流畅地说儿歌，表演儿歌内容。

活动难点： 幼儿知道睡觉的时候不能吵闹，不做小动作，用正确的姿势睡觉。

活动准备： 儿歌《睡觉歌》。

活动过程：

（一）开始部分

谈话导入，教师：小朋友们，你们都睡午觉吗？每天几点睡呢？

（二）过程部分

1.教师朗诵儿歌《睡觉歌》，请幼儿复述儿歌内容。

提问：你从儿歌里听到了什么？

2.引导幼儿了解睡午觉对身体的好处，指导其掌握正确的睡觉姿势。

教师：有什么好办法能让你赶快睡着呢？

幼儿：听摇篮曲、讲故事、戴眼罩等。

教师：睡午觉有什么好处呢？

幼儿：睡完午觉，下午会更有精神。小朋友在睡觉的时候，身体也在慢慢地长高呢！

教师：我们知道不好的睡觉姿势会给我们带来很多坏处，那我们应该怎么睡觉呢？

幼儿：我们盖上小被子，闭上眼睛，不吵也不闹，平躺好，安安静静地，一会儿，就睡着了。

3.学习儿歌《睡觉歌》。

4.边做动作边说儿歌。

（三）结束部分

幼儿把学会的儿歌表演给爸爸、妈妈看。

附儿歌：

睡　觉　歌

小被子，已铺好。

大家快来睡午觉。

不说话，不吵闹。

眼睛一闭睡着了。

天天午睡身体好。

二、中班活动案例

活动1：不一样的春节

教师：张任童

活动由来：

原本春节应该是热热闹闹的，却被突如其来的传染病给打乱了。这也是一次小朋友们经历的最特殊的春节，有的小朋友不明白为什么今年的春节跟往年的不一样。因此，教师设计了本次活动，通过活动希望幼儿能够明白其中的缘由。虽然传染病是可怕的，但是掌握预防传染病的方法，养成良好的卫生习惯，传染病也是可以预防和控制的。每个人要做的就是好好保护自己。

活动目标：

1.初步了解病毒的样子、危害和传播途径。

2.掌握预防传染病的方法，养成良好的卫生习惯。

3.了解病毒传播的特点，增强自我保护意识。

活动重点：了解病毒的样子、危害和传播途径。

活动难点：掌握预防传染病的方法，增强自我保护意识。

活动准备：病毒图片，轻音乐，勤洗手、常通风、戴口罩等自我防护图片。

活动过程：

（一）开始部分

问题导入，引出"传染病"的话题。

教师：2020年过春节，小朋友们有没有发现跟往年不太一样，到底发生了什么事情，你们知道吗？

（二）过程部分

1.教师引导幼儿讨论假期时人们的变化。

教师：小朋友们，你们的假期都是怎么过的？有没有经常出去玩儿呢？是待在家里的时间多一点儿，还是出去玩的时间多呢？

教师：你出去的时候有没有发现，周围的人们有什么变化呢？

2.引导幼儿思考：人为什么会有这样的变化？为什么不能经常出门玩耍？为什么出去了还要戴口罩、量体温？引出"病毒"话题。

教师：这是因为我们的生活中出现了一群坏家伙。这群坏家伙来自一个叫"病毒"的大家庭。有时候，小朋友们身体不舒服，有可能是病毒和它的同伴在我们的身体里捣乱。

3.教师出示病毒图片，引导幼儿认识病毒。

（1）教师：这次出现在我们生活中的病毒就是它们。你们看，它们有几只脚？

（2）教师：这些病毒竟然有8只脚，小朋友们觉得这些病毒的脚像什么呢？

4.初步了解病毒的危害和传播途径，掌握预防传染病的方法。

教师：这种病毒是一群坏家伙，它们会悄悄地溜进不注意卫生的小朋友身体里，让小朋友咳嗽、发烧，感觉到不舒服，然后……这个小朋友就生病了。

教师：我们应该怎样预防传染病呢？

一起讨论预防传染病的方法。

（三）结束部分

小结：小朋友们，你们可以把你这个不一样的春节是怎么过的、在家做了哪些事儿都画出来，分享给大家。

活动2：病毒来了怎么办

教师：朱　昱

活动由来：

由于传染病的流行，大家都有些紧张。孩子们也知道了每天出门要戴口罩，进超市测体温，走廊喷洒酒精消毒等。为了缓解幼儿的紧张情绪，教师设计了本次活动，旨在让幼儿了解预防传染病的方法，树立战胜病毒的信心。

活动目标：

1.了解传染病病毒的传播途径和特点，增强自我保护意识。

2.掌握预防传染病的方法，养成良好的卫生习惯。

活动准备： 超市入口测温、戴口罩等图片，口罩、面粉、喷壶等道具。

活动过程：

（一）开始部分

1.引导幼儿讨论假期人们的变化。

教师：小朋友们，你们的假期都是怎么过的，有没有经常出去玩儿呢？

幼儿：没有，大部分时间都待在家里。

教师：你出去的时候，有没有发现，周围的人们有什么变化呢？

2.幼儿发言，教师出示超市入口测温、戴口罩等图片。

教师：小朋友们发现，人们出去的时候都戴上了五颜六色的口罩；进入超市的时候，有穿着白色防护服、戴着护目镜的阿姨为大家测量体温；公园里的小朋友也少了……

教师：人们为什么会有这样的变化？为什么不能经常出去玩儿？为什么出去了，还要戴口罩、量体温？

幼儿：因为有病毒。

教师：你们知道病毒是怎么传播的吗？

（二）过程部分

1.初步了解传染病的危害和传播途径，掌握预防传染病的方法。

教师：传染病是一群坏家伙，它们会悄悄地溜进不讲卫生的小朋友身体里，让小朋友咳嗽、发烧，感觉不舒服，然后……这个小朋友就生病了。

2.通过游戏，初步了解传染病的传播途径和预防方法。

（1）游戏1：喷嚏雨。

教师：有时，病毒也会藏在小朋友们的口水里，我们打喷嚏或咳嗽，嘴巴里的口水就会喷出来。

教师用喷壶模仿小朋友打喷嚏或咳嗽的状态，能够感受到水雾喷洒的小朋友就"中招"了。

讨论：如何避免别人打喷嚏或咳嗽的口水落在我们的身上？打喷嚏或咳嗽的人应该怎么做？

教师：我们在出门的时候要戴上口罩；打喷嚏或咳嗽时要用卫生纸捂住自己的鼻子和嘴巴；用完的卫生纸要扔进垃圾桶。

（2）游戏2："病毒"传传看。

教师将"病毒"即面粉涂在幼儿的手上，然后让这位小朋友摸摸自己的小椅子，再摸摸小桌子。

教师：小朋友手上的"病毒"被带到哪里了？

幼儿：桌子和椅子上。

教师再请另外一名幼儿摸一遍桌子和椅子。

教师：现在"病毒"被带到哪里了？

幼儿：在另一个小朋友的手上。

教师："病毒"的传播能力真是太强了！因此，小朋友们一定要勤洗手。饭前、便后、打喷嚏或咳嗽后都要洗手，还要按照正确的洗手步骤用香皂或洗手液好好搓一搓，把"病毒"都洗掉。

（三）结束部分

小结：小朋友们，今天，我们见识了病毒的威力，真是太强大了！如果我们不注意个人卫生，这群坏家伙很可能悄悄地溜进我们的身体里，让小朋友们生病呢！所以啊，我们出门要戴口罩。如果想打喷嚏或咳嗽，要用卫生纸捂住口鼻，然后将卫生纸扔进垃圾桶。还要经常按照正确的步骤用香皂或洗手液把我们的小手洗干净。这样，病毒大军就不会轻易找上门啦！

活动3：如何正确戴口罩

教师：高　伟

活动由来：

由于传染病的原因，让我们的生活中又多了一位好朋友——口罩。戴口罩是预防呼吸道传染病的重要手段之一。中班幼儿因为年龄较小，不能掌握正确佩戴口罩的方法。因此，教师根据班里幼儿的实际情况设计了本次活动，引导幼儿了解戴口罩的意义及正确佩戴口罩的方法。

活动目标：

1.纠正幼儿戴口罩的误区，了解戴口罩的作用及意义。

2.了解选择与佩戴口罩的正确方法。

3.帮助幼儿进一步树立自我保护意识。

活动准备：各种质地、样式的口罩若干（如一次性口罩、医用外科口罩、N95口罩、卡通口罩、纯棉口罩等），课件。

活动过程：

（一）开始部分

以猜谜的形式导入活动。

谜语：四四方方一块布，嘴和鼻子都盖住。两根带子耳上挂，不怕风沙不怕土。（谜底：口罩）

（二）过程部分

1.口罩的意义。

教师：小朋友们，你们知道这小小的口罩到底有什么作用吗？

幼儿自由回答：抵御风沙、预防病菌等。

教师：口罩朋友来我们班开展览会，看看它们有什么不一样？

出示各种口罩，请幼儿自由发表自己的意见。

教师：最近，因为有传染病，我们出门时需要戴口罩。但是，这么多口罩应该选择哪种口罩呢？

小结：口罩能保护我们的身体，不让病毒侵入我们的身体。因此，选择正确的口罩很重要。卡通口罩和纯棉口罩虽然很漂亮、柔软，但它使用的材料不能阻挡病毒，所以我们要选择N95口罩或者医用外科口罩。

2.正确佩戴口罩。

（1）教师：什么时候需要戴口罩？怎样戴口罩？

（2）出示课件，引导幼儿了解如何正确佩戴口罩。

教师：口罩的大小要正好罩住下巴、嘴巴、鼻子等部位，戴太大或太小的口罩，病菌、灰尘等能从口罩两侧的空隙进去。

戴口罩要领：

①首先，平展口罩，分清口罩正、反面。

②双手平拉口罩，将其推向面部，捏紧鼻夹，使口罩紧贴面部。

③左手按住口罩，右手将口罩右侧的挂耳绳套在右耳上。

④右手按住口罩，左手将口罩左侧的挂耳绳套在左耳上。

⑤双手上下拉动口罩边缘，使其盖住眼睛下面和下巴的区域。

教师边说儿歌边戴口罩，给幼儿示范正确佩戴口罩的方法。请幼儿拿出口罩，演示一遍，巩固刚才学习的佩戴方法。

（3）如何处理戴过不用的口罩。

①摘：双手同时捏住挂耳绳，摘下口罩。

②折：一只手拿着挂耳绳，另一只手捏住口罩内层中间部位，对折口罩，再对折两次。

③系：将挂耳绳缠绕在折好的口罩上系紧。

④泡：将口罩扔进装有消毒液的塑料袋中浸泡，系紧塑料袋。

⑤丢：确保塑料袋密封完好，扔进垃圾桶。

（三）结束部分

帮助幼儿学会用做标记的方法分辨自己的口罩。

活动4：捂住口鼻打喷嚏

教师：孙仪娴

活动由来：

传染病流行期间，培养幼儿良好的生活、卫生习惯，让幼儿具有基本的生活自理能力，了解咳嗽、打喷嚏的文明做法，具有非常重要的现实意义。因此，教师设计了本次活动，可以让幼儿了解咳嗽、打喷嚏时应该怎么做，为何要这样做。在活动中，通过让幼儿看一看、念一念、学一学、做一做，掌握预防传染病的方法。

活动目标：

1.初步了解打喷嚏会传播病毒，传染疾病。

2.学会咳嗽、打喷嚏时的一些卫生、文明做法。

3.养成每天随身携带手帕、纸巾的良好习惯。

4.初步了解预防传染病的方法。

活动准备：PPT课件《咳嗽、打喷嚏》，幼儿人手一张纸巾或者一块手帕。

活动过程：

（一）开始部分

1.提问：小朋友得了感冒，哪里会不舒服？会有哪些表现？

2.幼儿自由回答，做打喷嚏等动作。

（二）过程部分

1.演示PPT课件：看看小动物是怎样打喷嚏的。

2.提问：

（1）刚才，你看到谁在打喷嚏呀？

（2）黄狗是怎么打喷嚏的？它吓跑了谁？

（3）大象是怎么打喷嚏的？它吓跑了谁？

（4）河马是怎么打喷嚏的？它吓跑了谁？

（5）它们打喷嚏的时候，其他小动物是怎么做的啊？

小结：它们的喷嚏太厉害了，小动物们都吓跑了。

3.引导幼儿讨论：为什么动物们都怕它们的喷嚏呢？

小结：它们真不讲卫生，打喷嚏的时候鼻涕、唾沫到处乱飞，细菌、病毒也跟着鼻涕和唾沫飞出来了。如果被身边的小动物吸入鼻子或嘴巴里，其他小动物也会传染病毒而生病的。

4.引导幼儿学习打喷嚏的正确做法。

（1）提问：如果小朋友想打喷嚏或者咳嗽的时候，应该怎么做呢？

个别幼儿回答。

（2）演示课件：一位幼儿正确的做法。

（3）提问：这位小姐姐打喷嚏的时候是怎么做的呀？

（4）教师示范并讲解，幼儿演示，练习2~3遍。

（三）结束部分

强化练习，巩固幼儿掌握咳嗽、打喷嚏的正确做法。

教师：小动物们还没学会这个本领，我们一起去教教它们吧！让我们再来练一练。

活动5：七步洗手法

教师：韩旭丹

活动由来：

传染病流行期间，洗手作为一个非常重要的防护环节，也是生活环节中必不可少的。为了让幼儿更清楚地知道洗手的正确方法，教师设计了本次活动。幼儿通过生动、有趣的儿歌可以学会正确的洗手方法——七步洗手法，还可以在语言方面得到发展，养成爱洗手、讲卫生的好习惯。

活动目标：

1.通过活动知道洗手的重要性，学会正确的七步洗手法。

2.养成良好的生活卫生习惯。

3.在学习的过程中，感受儿歌的快乐和有趣。

活动重点：学会说儿歌，知道正确的洗手方法。

活动难点：边说儿歌边做动作。

活动准备：音乐《洗手歌》、七步洗手法图片、小手脏脏的图片。

活动过程：

（一）开始部分

教师通过谈话导入。

教师：由于传染病的流行，每个人都掌握了一些个人防护的方法。谁来说一说，保护自己的方法有哪些？（戴口罩、洗手等）

（二）过程部分

1.教师出示小手脏脏的图片。

教师：小朋友们，这个小朋友的小手是怎样的？他应该怎么做呢？

2.请幼儿自由回答并讨论。

3.教师出示七步洗手法图片，请幼儿观察图片上的内容。

教师：请小朋友们看一看，图片中的小朋友洗手洗得认真吗？平时，我们都是怎样洗手的呢？

4.学习儿歌《七步洗手法》。

教师：今天，我们就通过一首好听的儿歌来学习正确的七步洗手法。

教师播放音乐《洗手歌》，示范正确的洗手动作。

教师教幼儿正确的洗手步骤。

5.儿歌表演。

请幼儿分组或以个别形式进行儿歌表演，再次熟悉正确的洗手方法。

（三）结束部分

1.实践操作。

请幼儿分组进入盥洗室，用正确的七步洗手法洗手，教师个别指导。

2.教师：刚才，小朋友们都特别棒！我们平时一定要认真地洗手。只有认真洗手的时候，病毒才会被厉害的水冲走。记得认真洗手哟！

三、大班活动案例

活动1：一起赶走大病毒

教师：姚 珂

活动由来：

2020年的春节和以往的春节相比有点儿不太一样：为什么大家都待在家里，不出门？为什么那些出了门的人都戴着口罩呢？这究竟是怎么了？面对孩子们的提问，教师该怎么回答呢？因此，教师设计了本次活动，将绘本故事《一起赶走大病毒》制作成动画片，播放给更多的孩子看！

活动目标：

1.通过绘本故事，让幼儿了解春节期间为什么大家都不出门。

2.了解传染病及预防传染病的方法。

活动重点：知道2020年的春节人们为什么要待在家里。

活动难点：提高预防传染病的意识，知道如何保护自己。

活动准备：绘本故事《一起赶走大病毒》及动画视频。

活动过程：

（一）开始部分

教师：小朋友们，今年的春节和往年相比有点儿不太一样，你们有什么发现吗？

幼儿：不可以出门。

教师：为什么大家都待在家里，不出门？为什么那些出了门的人都戴着口罩呢？这究竟是怎么了？

（二）过程部分

教师播放绘本故事动画视频《一起赶走大病毒》，让幼儿了解原因。

故事内容：最近，好美味村一片寂静。饺子和汤圆躲在碗里，不肯出来。小粽子们裹得严严实实，分不出甜咸。土豆教练和水萝卜吓得钻回了土里。西蓝花小姐害怕得一边哭一边跟茄子哥哥用微信视频："茄子哥哥，我好害怕呀！""别怕，都会好起来的！""好，我要坚强！"

原来是可恶的传染病侵占了整个好美味村，害得大家谁也没法出门儿。

这可愁坏了西红柿大婶，家里这么多宝宝要吃饭，可冰箱里早已空空荡荡……"糟糕，口罩用光了，先用围巾挡挡吧！你们是哥哥、姐姐，看好弟弟和妹妹！"说完，西红柿大婶就去超市了。可是，超市里也快要"空空荡荡"了……西红柿大婶拿上面包，正准备回家。突然……阿嚏！"救命！""来这边。"原来是小山药救护员！小山药用自己发明的酒精喷枪打败了这些可恶的传染病病毒！虽然消灭了传染病病毒，但是小山药还是仔细检查了西红柿大婶的身体状况，并且给她消了毒。这下，西红柿大婶终于可以放心地回家照顾宝宝了。小宝宝们也吃上了美味的面包。还好，一切有惊无险。

小朋友们，一定要牢记：尽量少出门！出门戴口罩！常通风，勤洗手！虽然好美味村的病毒还没有全部消灭，但是请相信，我们一定会打败它们的！

教师：小朋友们，你们知道我们为什么不能出门了吧！我们一定要保护好自己，在家里也要勤洗手，还要多锻炼，强身健体，抵抗病毒！

（三）结束部分

教师小结：小朋友们，一定要牢记：尽量少出门！出门戴口罩！常通风，勤洗手！

活动2：勤洗手，讲卫生

教师：杨丽丽

活动由来：

孩子的天性就是好玩、好动，他们对什么都充满了好奇，喜欢摸一摸、动一动，小手在不知不觉中就粘上了细菌等微生物。因此，指导幼儿把小手洗干净，以防病从口入，就显得非常重要了。

活动目标：

1.愿意用七步洗手法洗手。

2.了解洗手的重要性，知道什么时候要洗手。

3.节约用水，养成爱清洁、讲卫生的良好生活习惯。

活动重点： 学习正确的洗手方法。

活动难点：养成用七步洗手法洗手的好习惯。

活动准备：绘本《我要洗手》、香皂、胶皮手套、食用色素等。

活动过程：

（一）开始部分

绘本《我要洗手》讲述的是一位小公主不喜欢洗手。她画完画儿、摸完小狗、种完花草后都不洗手，而是直接用手拿东西吃。直到有一天，她的肚子疼了起来……让我们跟着小公主去看看她肚子疼的原因吧！

（二）过程部分

1.了解何时需要洗手。

教师：小朋友们知道什么时候要洗手吗？

小结：外出回来后、制作食品前后、吃东西前、上卫生间后、咳嗽和打喷嚏后、与他人接触后、双手有明显的污渍时、接触过动物之后都要认真地把手洗干净哦！

2.七步洗手法。

教师：怎样正确洗手呢？

七步洗手法：

（1）把洗手液挤在掌心里，双手掌心相对，手指并拢，相互搓。

（2）手心对手背，沿指缝相互搓擦，两手交换进行。

（3）掌心相对，双手交叉，沿指缝相互搓擦。

（4）弯曲手指，使指关节在另一只手的手掌心里旋转、揉搓，两手交换进行。

（5）左手握住右手的大拇指旋转、搓擦，两手交换进行。

（6）将一只手的手指尖并拢，放在另一只手的手掌心里旋转、搓擦，两手交换进行。

（7）螺旋式擦洗手腕，交替进行。

3.节约用水我最棒。

让幼儿洗手时注意节约用水、不玩水。比如洗手时搓手的时间比较长，就应该把水龙头关上，冲洗前再打开。或者洗手的时候，在水龙头下面放一个小盆，洗手用过的水还可以用来冲厕所。这些小小的举动，会让幼儿懂得"一水多用、废水再利用"的重要性，从小养成节约用水的好习惯。

4.做游戏来洗手。

将胶皮手套灌满水后系好，在手套上面滴一些食用色素，来一次模拟洗手的游戏，让幼儿在玩中喜欢上洗手。

（三）结束部分

亲子互动好时光

1.回家后，和爸爸、妈妈一起阅读绘本《我要洗手》。家长可以和幼儿一起讨论。

提问：在小公主身上发生了什么事情？皇后、园丁、守卫、厨娘都是怎样提醒小公主洗手的？小公主不洗手，会有什么后果？医生让小公主看到了什么？细菌都住在了哪里？医生送给小公主什么礼物，帮她赶走了细菌？

2.鼓励幼儿续编故事，发挥幼儿想象力、创造力：如果你是小公主，今后你会怎么做？

3.亲子表演：可以分角色表演故事，引导幼儿用声音、表情、动作创造性地表现角色。

活动3：数字防疫歌

教师：颜瑞霞

活动由来：

在传染病流行期间，做好个人防护非常重要。因此，教师设计了本次活动，旨在让幼儿知道在家怎样防护，同时用趣味美术创作的方式，激发了幼儿大胆想象的创作兴趣。

活动目标：

1.尝试借助数字形状添画各种与预防传染病有关的图案。

2.了解传染病相关知识，加强个人防护意识。

3.鼓励幼儿大胆创作，激发幼儿的想象力。

活动重点：尝试借助数字形状添画出各种与预防传染病有关的图案。

活动难点：通过大胆想象创造出不一样的有趣图案。

活动准备：水彩笔、画纸、视频。

活动过程：

（一）开始部分

1.教师引导幼儿讨论假期时人们的变化。

2.引导幼儿思考：为什么会发生这些变化？（引出传染病）

（二）过程部分

1.观察病毒，并说一说它有哪些特征。

教师：这次出现在我们生活中的病毒就是它们。你们看，这些病毒有哪些特征呢？

幼儿：这些病毒竟然有8只脚，手里还拿着一个皇冠。

2.借助数字形状添画与预防传染病有关的图案。

教师：病毒这么厉害，我们要想一些好办法来对付它。

教师：今天，老师要跟小朋友们分享一个特别有趣的预防小方法，就是借助数字形状想象、添画出与预防传染病有关的图案，帮助人们了解一些预防传染病的好方法。

教师：小朋友们想一想，数字可以变成哪些有趣的预防传染病小图案呢？

幼儿：数字1可以变成小蜡烛，还可以变成体温计。

3.学习儿歌《数字防疫歌》。

教师：今天，老师给你们分享1~10数字组成的各种预防传染病的小图案，让我们一起看看视频吧！

教师：首先在画纸上写上1~10的数字，然后开动脑筋，发挥你的想象力，拿出你手中的魔术笔，快来变一变这些数字吧！

"1"变成水龙头，大家记得勤洗手。

"2"变成两颗心，我们大家心连心。

"3"变成小苹果，多吃蔬菜和水果。

"4"变成小窗户，开窗通风不外出。

"5"变成大嘴巴，乐观心态笑哈哈。

"6"变成病毒，快把它清除。

"7"变成小口罩，健康防护要做好。

"8"变成小眼睛，注意劳逸相结合。

"9"变成跑步娃，天天锻炼身体棒。

"10"变成小蜡烛，照亮千家和万户。

教师：怎么样，小朋友们，这些数字是不是很神奇呢？

幼儿：我也拿出纸和笔，画一画，我要变出好多不一样的有趣图案。

（三）结束部分

教师：小朋友们快开动小脑筋想一想，数字还能变成哪些有趣的小图案吧？

活动4：如果地球被我们吃掉了

教师：贾荣荣

活动由来：

教师设计了通过阅读绘本故事引发幼儿思考、感知自然环境与生活关系的语言活动，旨在激发幼儿保护环境的意识和主动保护环境的积极行为。

活动目标：

1.知道地球是人类的家，了解自然环境与人类的关系。

2.主动关注画面细节，乐意动脑、动口讲述画面内容。

3.培养环保意识，形成积极的环保行为。

活动重点：关注画面细节，乐意动脑、动口讲述画面内容。

活动难点：培养环保意识，形成积极的环保行为。

活动准备：绘本故事《如果地球被我们吃掉了》，音乐，世界各地自然景观图片。

活动过程：

（一）开始部分

1.回忆户外活动时观察到的环境。

2.提问：

（1）花草树木生长在什么地方？

（2）花草树木的生长都需要什么？（水、空气、阳光、土壤等）

（二）过程部分

1.请幼儿欣赏绘本故事《如果地球被我们吃掉了》，教师出示世界各地自然景观图片。

2.引发幼儿思考并回答教师提问。

（1）教师：你从图画书里看到了什么？

（2）教师：如果这些事情都是真的，我们应该怎么办？

（3）教师：地球会灭亡吗？地球灭亡了，我们住在哪儿呢？

（4）教师：我们应该怎么做呢？（保护地球）怎样做才是保护地球呢？

3.教师小结：地球上的每一样东西对我们来说都很重要。如果真的不保护环境与动、植物，地球总有一天会被我们吃掉的。所以，从现在起，我们就要保护地球，保护环境，让我们成为地球的守护者吧！

（三）结束部分

教师引导幼儿绘画《地球就是我的家》。

四、开园第一个月

1.小班开园第一个月预设活动

（1）小班开园第一个月保教目标（表6-4）。

表6-4　小班开园第一个月保教目标

模　　块	目　　标
生　　活	1.学习整理自己的物品，学会管理好自己的口罩 2.在教师引导下用"七步洗手法"洗手 3.学会听口令，按要求排队，有与同伴保持一定距离的意识 4.在提醒下愿意饮用白开水，使用自己专用的口杯 5.有如厕轮流、等待的规则意识，如厕后冲水、洗手 6.进餐时不与同伴聊天，餐后主动擦嘴、漱口 7.愿意接受"一日四检"，身体不适能主动告诉教师
运　　动	1.在提醒下遵守运动游戏规则，知道与同伴保持一定的距离进行运动 2.愿意与教师一起摆放、收拾体育器械

（续）

模　块	目　标
学　习	1.能听懂简单的指令，并能按简单的语言指令行动 2.认识与同伴之间的距离标志，在活动中有意识地保持距离 3.初步感受传染病给生活带来的影响，掌握自我保护的方法，如正确佩戴口罩、正确洗手等
游　戏	1.在参加游戏时体验规则的作用，初步学会等待、轮流进行游戏，愿意遵守游戏规则 2.游戏时，在教师或同伴的提醒下知道佩戴口罩，并与同伴保持安全距离 3.游戏后，愿意收拾、整理玩具材料 4.知道游戏后如厕、洗手

（2）小班开园第一个月主题活动预设网络图（图6-1）。

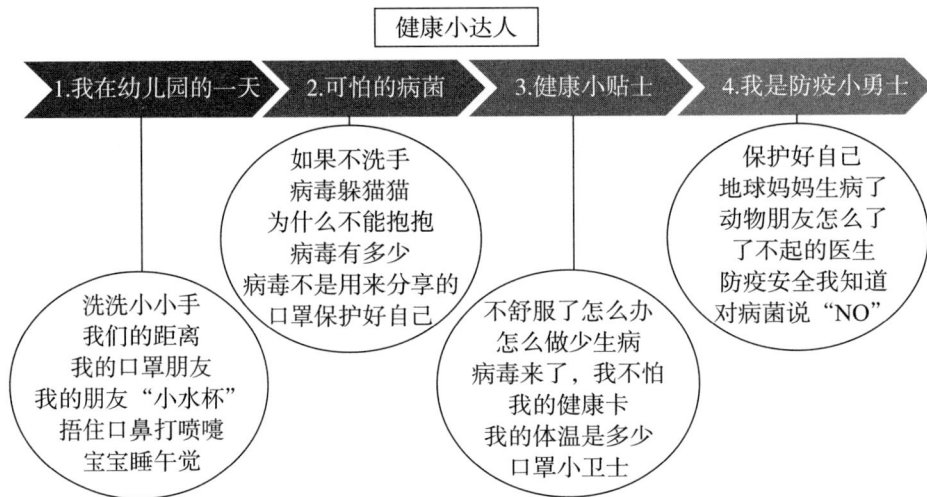

健康小达人

1.我在幼儿园的一天　2.可怕的病菌　3.健康小贴士　4.我是防疫小勇士

如果不洗手
病毒躲猫猫
为什么不能抱抱
病毒有多少
病毒不是用来分享的
口罩保护好自己

保护好自己
地球妈妈生病了
动物朋友怎么了
了不起的医生
防疫安全我知道
对病菌说"NO"

洗洗小小手
我们的距离
我的口罩朋友
我的朋友"小水杯"
捂住口鼻打喷嚏
宝宝睡午觉

不舒服了怎么办
怎么做少生病
病毒来了，我不怕
我的健康卡
我的体温是多少
口罩小卫士

图6-1

（3）小班开园第一个月教育活动预设（表6-5）。

表6-5　小班开园第一个月教育活动预设

模　块	活　动　内　容
生　活	洗手："我要洗手""七步洗手歌"…… 排队："火车排排队""走路歌"…… 如厕："上厕所我会说""尿在便池里"…… 就餐："我自己的餐具""文明进餐好习惯"…… 午睡："宝宝，快睡觉""香香的午睡"…… 口罩："口罩的秘密""如何正确打喷嚏"…… 喝水："今天，你喝白开水了吗""杯子宝宝回家"…… 卫生："和朋友一起测体温""口痰吐在垃圾桶里"……

（续）

模　块	活　动　内　容
运　动	队列、队形训练："火车排排队""我和朋友的距离"…… 球类系列活动："赶小猪""定点射门""抛接球""地滚球"…… 体育区游戏："勇往直前""掷趣天地"……
游　戏	班级游戏："我是香宝宝""巧手叠衣"…… 户外游戏："青青菜园""春天里的菜园"……

2.中班开园第一个月预设活动

（1）中班开园第一个月保教目标（表6-6）。

表6-6　中班开园第一个月保教目标

模　块	目　标
生　活	1.能积极地适应从家庭到幼儿园的活动环境，上幼儿园能保持愉快的情绪 2.能积极配合"一日四检"；身体不舒服时，能主动告诉教师 3.能整理自己的物品，按提示管理自己的口罩 4.学习使用"七步洗手法"洗手 5.常喝白开水，能按需取水 6.尝试使用筷子吃饭，不偏食，不挑食，饭后漱口
运　动	1.会听口令排队，知道和同伴间保持一米的安全距离 2.喜欢参与球类运动，能连续地自抛自接球 3.能在较窄的低矮物体上平稳地走一段距离 4.尝试自主擦汗，按要求摆放、收整体育器械
学　习	1.尝试用自己的语言讲述传染病期间"我眼中的英雄" 2.知道"一米"的距离，坚持和同伴保持一米的安全距离 3.能在活动中坚持正确佩戴口罩，知道口罩的作用 4.尝试发现植物的生长变化及生长条件
游　戏	1.喜欢参加游戏活动，乐意遵守游戏规则 2.坚持在游戏中佩戴口罩，有和同伴保持安全距离的意识，"独自游戏"，不交叉使用游戏材料 3.知道接受了任务要努力完成，勇于尝试有一定难度的活动和任务 4.能及时地收整材料，并主动盥洗

（2）中班开园第一个月主题预设网络图（图6-2）。

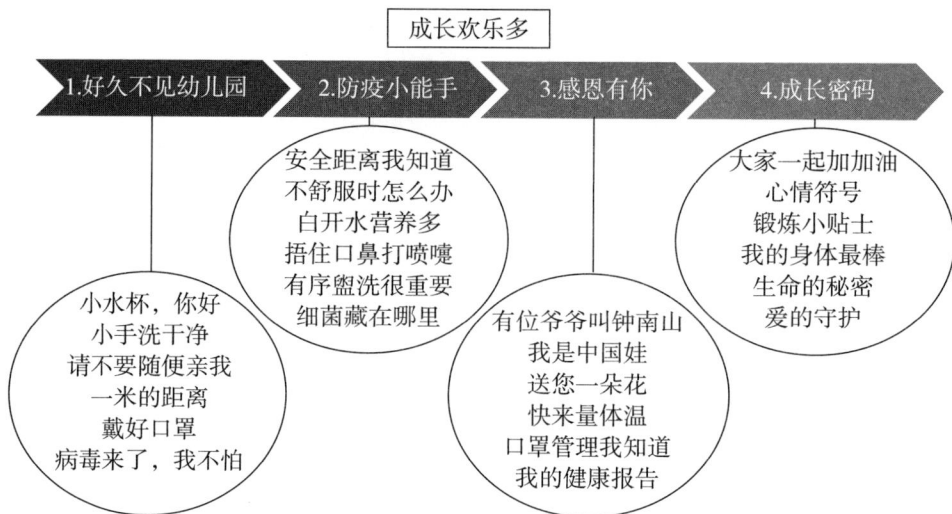

成长欢乐多

1.好久不见幼儿园 → 2.防疫小能手 → 3.感恩有你 → 4.成长密码

安全距离我知道
不舒服时怎么办
白开水营养多
捂住口鼻打喷嚏
有序盥洗很重要
细菌藏在哪里

大家一起加加油
心情符号
锻炼小贴士
我的身体最棒
生命的秘密
爱的守护

小水杯，你好
小手洗干净
请不要随便亲我
一米的距离
戴好口罩
病毒来了，我不怕

有位爷爷叫钟南山
我是中国娃
送您一朵花
快来量体温
口罩管理我知道
我的健康报告

图6-2

（3）中班开园第一个月教育活动预设（表6-7）。

表6-7　中班开园第一个月教育活动预设

模　　块	活　动　内　容
生　　活	洗手："洗手小妙招""小手洗干净"…… 排队："我会排队""安全上下楼"…… 如厕："有序盥洗""我会擦屁股"…… 就餐："文明进餐""筷子好帮手"…… 午睡："安全午睡""衣服叠放有妙招"…… 口罩："正确戴口罩""口罩的存放"…… 喝水："我的水杯""我爱喝白开水"…… 卫生："打喷嚏的正确方式""不乱吐口痰"……
运　　动	队列、队形训练："一起排队""向左转、向右转"…… 球类系列活动："带球运球""定点射门""跑垒训练""抛接球"…… 体育区游戏："勇往直前""掷趣天地"……
游　　戏	班级游戏："白衣天使守护你""打败病毒游戏棋"…… 户外游戏："一米菜园养护记""运动大本营"……

3.大班开园第一个月预设活动

（1）大班开园第一个月保教目标（表6-8）。

表6-8　大班开园第一个月保教目标

模　块	目　标
生　活	1.能管理好自己的个人物品，午睡时整理好衣物 2.掌握"七步洗手法"的正确洗手方法 3.遵守排队规则，能主动和同伴保持一定的距离 4.主动用自己的水杯饮用白开水 5.主动接受"一日四检"，身体不适，能主动报告教师
运　动	1.能自觉遵守户外游戏规则，和同伴保持一米距离 2.知道各种球类游戏的规则，能主动参与球类运动 3.运动时能管理好自己的个人物品 4.运动结束后能主动整理运动场地和器材
学　习	1.知道佩戴口罩的重要性，懂得基本的自我保护方法 2.知道一米的安全距离，懂得在各环节中和同伴保持安全距离 3.知道"七步洗手法"的内容 4.能大胆、生动地讲述传染病期间坚守岗位的英雄故事，表达自己对英雄的崇敬之情
游　戏	1.知道佩戴口罩，和同伴保持安全距离 2.能遵守排队游戏规则，能在反复游戏中自觉养成排队间隔的好习惯 3.能认真、负责地完成自己的任务，不打扰、影响别人 4.游戏结束后能主动收拾、整理游戏材料，主动洗手，保持个人清洁卫生

（2）大班开园第一个月主题预设网络图（图6-3）。

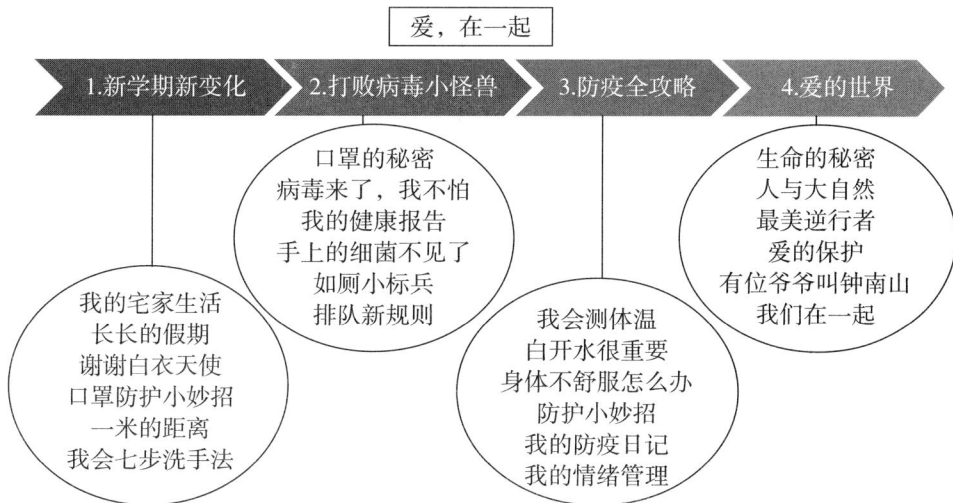

图6-3

（3）大班开园第一个月教育活动预设（表6-9）。

表6-9　大班开园第一个月教育活动预设

模　　块	活　动　内　容
生　　活	洗手："我会七步洗手法""洗手PK赛"…… 排队："大家一起来排队""怎样入园、离园"…… 如厕："安全如厕""如厕礼仪"…… 就餐："就餐小礼仪""谁最爱干净"…… 午睡："睡觉时怎样保护自己""整理衣物"…… 口罩："管理我的口罩""口罩守护者"…… 喝水："喝水的距离""我爱喝白开水"…… 卫生："我会正确打喷嚏""不随地吐痰"……
运　　动	队列、队形训练："排队的规则""安全距离训练"…… 球类系列活动："绕障碍运球""分组比赛"…… 体育区游戏："勇往直前""掷趣天地"……
游　　戏	班级游戏："设计口罩标记""自制防护手册"…… 户外游戏："防护堡垒""掷趣天地""打败小怪兽"…… 室内游戏："神奇的吸铁石"……

4.指导建议

（1）各班开园第一个月生活、运动、游戏活动内容参考表格，学习活动内容参考图6-1~图6-3，可在预设活动的主题内容上进行延伸或生成。

（2）将健康教育、养成教育渗透到一日生活的各个环节中，让幼儿养成习惯，长期保持。

（3）可以根据班级幼儿实际情况，引导幼儿自主管理。

五、建议与要求

1.贯彻、落实《幼儿园传染病防控应急预案》《幼儿园一日作息安排表》，熟练组织幼儿一日活动，错时、错峰、错场地开展教育活动。如遇幼儿发热、干咳、呕吐、腹泻、精神不振等突发情况，立即启动传染病防控应急预案。

2.以常规、习惯、健康为主要教育内容，巩固、强化幼儿生活的卫生习惯，每周、每班开展5次集体教学活动，引导幼儿在集体场所中戴好口罩，保持安全距离，做好个人防护。

3.在一日活动中适时渗透常规教育，采用多元化的活动形式组织实施，例如视频、音频、案例、故事、讨论、PK赛等，让活动生活化、游戏化、情景化。

4.各班教师可以根据班级实际情况调整或生成活动内容。在设计教学活动时充分考虑各类资源的有效利用，如活动内容与教室、户外游戏区等相结合，与节日、读书节等生活事件相结合，与五大领域相结合。

第三章　幼儿体能发展指标与活动指导

第一节　幼儿体能测试标准（表6-10~表6-15）

表6-10　双脚连续跳测试标准

项目	动作示范	年龄	及格（秒）	优秀（秒）
双脚连续跳		3岁	13.0~9.2	6.6以上
		4岁	9.3~7.1	5.6以上
		5岁	7.2~6.0	5.1以上
		6岁	6.1~5.2	4.4以上

表6-11　网球投掷测试标准

项目	动作示范	年龄	及格（米）	优秀（米）
网球投掷		3岁	3.0~3.5	5.5以上
		4岁	3.6~4.5	6.0以上
		5岁	4.6~7.0	9.0以上
		6岁	7.1~9.0	12以上

表6-12　10米×2往返跑测试标准

项目	动 作 示 范	年龄	及格（秒）	优秀（秒）
10米×2往返跑		3岁	10.2~8.6	8.0以下
		4岁	8.5~7.7	6.9以下
		5岁	7.6~6.9	6.4以下
		6岁	6.8~6.3	5.8以下

表6-13　坐位体前屈测试标准

项目	动 作 示 范	年龄	及格（厘米）	优秀（厘米）
坐位体前屈		3岁	8.6~11.6	14.9以上
		4岁	8.5~11.4	14.9以上
		5岁	7.6~10.9	14.4以上
		6岁	7.1~10.4	14.4以上

表6-14　立定跳远测试标准

项目	动 作 示 范	年龄	及格（厘米）	优秀（厘米）
立定跳远		3岁	43~58	76以上
		4岁	59~79	95以上
		5岁	80~95	110以上
		6岁	96~110	127以上

表6-15　走平衡木测试标准

项目	动 作 示 范	年龄	及格（秒）	优秀（秒）
走平衡木		3岁	16.8~11.6	6.6以下
		4岁	11.5~7.9	4.9以下
		5岁	7.8~5.4	3.7以下
		6岁	5.3~3.8	2.7以下

第二节　幼儿居家体能活动指导

一、活力间操

《纲要》中明确要求"幼儿园必须把保护幼儿的生命健康放在首位"。目前，传染病流行期间，幼儿居家的活动量比正常生活状态时急剧减少，幼儿的体能和身体发育也相对会受到影响。同时，3~6岁幼儿身体正处于迅速生长的阶段，幼儿精力旺盛，也更活泼、好动。因此，教师为大、中、小各年龄段幼儿编排了不同的间操。

传染病期间为了让幼儿待在家里也能锻炼，寓教于乐，加强体能训练和身体的免疫力，在间操的编排上，教师考虑更多的是幼儿的兴趣和运动量。在兼顾这两者的前提下，大班组以武术操、材料游戏为主来编排，很大程度上保证了幼儿的运动量，促进了幼儿四肢耐力、身体体能和身体协调性等的发展。中班组教师充分挖掘间操的特点和教育价值，研讨、编排、录制、分享能促进幼儿发展的间操。徒手操《快乐的歌》、器械操《加油！GO！GO！》、体能锻炼小游戏"杯子大作战"等，游戏化、规范化、科学化的间操和游戏，促进幼儿健康发展，调动幼儿参与活动的积极性。结合小班幼儿喜欢模仿动物的特点，配合节奏欢快的音乐，教师们还创编了模仿操《奇妙动物世界》，让幼儿能根据音乐节奏的快慢运用身体动作来表现动物的动作特征，并引发幼儿保护动物的意愿！为方便传染病期间幼儿和家长居家锻炼，教师利用简单、易操作的自制器械沙锤，创编了小班器械操，让家长和幼儿在律动的同时锻炼了身体，设计的亲子游戏也提高了幼儿机体的活动能力，培养了幼儿良好的体育锻炼习惯（视频6-1~视频6-9）。

扫码看视频6-1　　　扫码看视频6-2　　　扫码看视频6-3

扫码看视频6-4　　　扫码看视频6-5　　　扫码看视频6-6

扫码看视频6-7　　　扫码看视频6-8　　　扫码看视频6-9

二、亲子游戏

《指南》中指出："教师应为幼儿创设多种体能活动和锻炼方式。"教师根据幼儿的年龄特点及居家情况，设计了包括上下肢运动、平衡运动、体能运动等的亲子游戏。在游戏设计难度适中的情况下，能够确保幼儿的身体得到充分地运动。

本次亲子游戏使用的器械多为家庭常见且数量偏多的材料，方便家长准备，没有为家长增加负担。同时，在收拾、整理材料的时候，能促进幼儿积极承担家庭任务，发散幼儿思维。亲子游戏的活动量符合幼儿生长、发育需求，既能有效地促进幼儿运动，又没有太大的难度，能激发幼儿参与游戏的兴趣。

活动1：袋鼠跳（视频6-10）

教师：高　伟

扫码看视频6-10

活动由来：

幼儿已有双脚跳的经验。袋鼠是电视上、图书中幼儿经常能见到的且比较喜欢的动物。教师挖掘家庭教育资源——袋子，设计了本次体育亲子游戏"袋鼠跳"，让幼儿通过模仿袋鼠跳进行室内体育游戏，达到锻炼身体的目的。

活动目标：

1.通过模仿袋鼠跳跃，学习双脚并拢向前跳。

2.发展身体的协调性和平衡能力。

3.喜欢参加体育游戏，体验游戏的快乐。

活动重点：双脚并拢向前跳。

活动难点：跳的过程中，能保持身体的协调与平衡。

活动准备：易拉罐若干、客厅等宽敞的活动场地、袋子1个、音乐。

活动过程：

（一）开始部分——热身运动

热身运动：小袋鼠来锻炼。

教师播放音乐，和幼儿一起活动身体，引导幼儿练习双脚跳跃。

（二）过程部分

1.导入活动。

教师：森林里要举行一场"袋鼠跳"的比赛。谁知道袋鼠是怎么跳的？

2.教师示范袋鼠跳的动作，鼓励幼儿探索并尝试。

教师讲解动作要领：双脚并拢，膝盖稍微弯曲，用力向前跳。准备跳的时候，双腿要用力蹬，向前上方跳。落地时，前脚掌先接触地面，动作要轻。

3.鼓励幼儿模仿袋鼠跳。

（1）原地跳。

（2）向前一步跳。

（3）连续向前跳。

动作要求：跳的过程中，要保持身体的协调与平衡，保护自己不摔倒。跳之前，要先站稳后，再向前跳。

提问：到底我们怎么做，才能跳得又稳又好呢？

小结：我们先将双脚站在布袋中，再用双手紧紧抓住布袋的边缘，将布袋拉直，双脚并拢，膝盖稍弯曲，用力向前跳，这样才能跳得又稳又好（图6-4）。

图6-4

4.幼儿尝试"袋鼠跳"游戏。

教师：你们想不想再来试一试？

用易拉罐摆好路线，进行直线跳、蛇形跳等尝试。

提醒幼儿在跳的过程中，膝盖要稍微弯曲，身体前倾，但不能倾得太厉害，避免摔倒。每轮游戏后，针对腿部进行捶、拍等放松活动。

5.比赛游戏，幼儿与家长之间可以进行竞赛游戏。

（三）结束部分——放松、整理

1.教师小结游戏后，和幼儿一起将袋子等器具收好。

2.一起做放松运动。

活动反思：

本次活动的内容和目标都符合中班幼儿的年龄特点。在准备游戏用的袋子时，要选择大小合适和材质软而结实的袋子，不然会影响幼儿动作的发挥。还可以准备一些节奏感强的音乐，帮助幼儿提升兴趣。

活动2：好玩的易拉罐（视频6-11）

教师：高　伟

扫码看视频6-11

活动由来：

由于疫情的影响，幼儿长时间待在家里。教师应结合这一形势为家长育儿提供指导，丰富幼儿家庭游戏生活。因此，教师设计了本次活动，引导家长和幼儿利用家里常见的易拉罐、瓶子等玩亲子游戏，让幼儿在家里也能进行体育锻炼，增强身体的免疫力，增进亲子感情。

活动目标：

幼儿：

1.在走、跑、跳等体育游戏中，幼儿能听信号快速地做出相应的身体动作。

2.喜欢尝试用不同的动作通过障碍物。

3.在绕障碍游戏中，发展幼儿肢体动作的灵活性及控制身体的能力。

4.喜欢体育游戏，强健身体，享受亲子活动的乐趣。

家长：

1.掌握走、跑、跳等各个动作要点。

2.陪伴幼儿一起游戏。

3.随时关注幼儿活动情况，发现问题，及时指导。

4.喜欢体育游戏，强健身体，享受亲子游戏的乐趣。

活动重点：尝试用不同的动作通过障碍物。

活动难点：活动中，保持肢体动作的灵活性及控制身体的能力。

活动准备：易拉罐若干，皮球1个，客厅等宽敞的活动场地。

活动过程：

（一）开始部分

出示易拉罐，导入活动。

提问：这是什么？（易拉罐）请你在家里和爸爸、妈妈一起把它们收集起来，我们可以用这些易拉罐玩一个好玩的游戏。

（二）过程部分

教师介绍和展示易拉罐游戏玩法，幼儿在家长的指导下跟随游戏。

游戏一：直线往返跑

游戏玩法：

幼儿与家长一起将易拉罐摆成2条直线跑道。家长与幼儿各选一条跑道。家长发出"跑"的口令后，与幼儿一起从跑道的一端出发沿直线跑，跑到另一端后，绕过自己跑道最后一个易拉罐，返回出发点。家长可以结合场地和游戏的开展情况适当缩短和增加易拉罐之间的距离，调节跑道的长度（图6-5）。

图6-5

游戏二：蛇形跑

游戏玩法：

幼儿与家长一起将易拉罐摆成2条直线跑道。家长与幼儿各选一条跑道。家长发出"跑"的口令后，与幼儿从跑道的一端同时出发，依次绕过每一个易拉罐，蛇形跑，跑到另一端即到达终点。也可以两个人从一条跑道的一端先后依次出发，绕易拉罐蛇形跑，从另一条跑道跑回起始位置（图6-6）。

图6-6

游戏三：双脚连续跳

游戏玩法：

幼儿与家长一起将易拉罐摆成2条直线跑道。家长与幼儿各选一条跑道。家长与幼儿一起从跑道的一端出发，双脚分开放在易拉罐两侧，双手叉腰连续跳，跳到另一端即到达终点。也可以两个人从一条跑道的一端先后依次出发，从另一条跑道连续跳回起始位置。家长可以根据幼儿对游戏掌握的情况调整易拉罐之间的距离，增加游戏难度（图6-7）。

图6-7

游戏四：跳过障碍物（跳高）

游戏玩法：

幼儿与家长一起将易拉罐摆成2条直线跑道。家长与幼儿各选一条跑道。家长与幼儿一起从跑道的一端出发，双脚并拢，双手叉腰，向上、向前跳高，跳过每一个易拉罐，从一端跳到另一端即完成一次游戏。也可以两个人从一条跑道的一端先后依次出发，从另一条跑道跳回起始位置。家长可以根据幼儿对游戏掌握的情况，调整易拉罐之间的距离，增加游戏难度（图6-8）。

图6-8

游戏五：单脚跳

游戏玩法：

幼儿与家长一起将易拉罐摆成2条直线跑道。家长与幼儿各选一条跑道。家长与幼儿同时从跑道的一端出发，单脚跳，从一端跳到另一端即完成一次游戏。也可以两个人从一条跑道的一端先后依次出发，从另一条跑道跳回起始位置。可以直线跳，也可以绕障碍蛇形跳（图6-9）。

图6-9

游戏六：立定跳远

游戏玩法：

幼儿与家长一起将易拉罐摆成2条直线跑道。家长与幼儿各选一条跑道，从第一个易拉罐双脚立定跳，跳到第二个易拉罐的位置，以此类推，跳到最后一个易拉罐的位置。家长也可以根据幼儿体能情况调整易拉罐之间的距离（图6-10）。

图6-10

游戏七：猜拳走步

游戏玩法：

幼儿与家长一起将易拉罐摆成2条直线跑道。家长与幼儿各选一条跑道。从第一个易拉罐开始，家长与幼儿玩"石头剪刀布"的猜拳游戏，谁赢了，可以走到下一个易拉罐的位置，谁最先走到最后一个易拉罐的位置即获胜（图6-11）。

图6-11

游戏八：保龄球

游戏玩法：

幼儿与家长一起将易拉罐搭高，在一定的距离外，推动皮球，将易拉罐砸倒。两人轮流。每次，家长和幼儿一起点数倒了的易拉罐个数。家长可以根据游戏情况适当增加"保龄球"轨道的距离（图6-12）。

图6-12

活动反思：

每个幼儿的能力发展和兴趣点不同，家长在陪幼儿游戏的过程中，要指导幼儿动作要点，注意场地的安排和幼儿安全，根据活动情况和幼儿的兴趣点，自行调整游戏难度和玩法。

活动3：小垫子 大乐趣（视频6-12）

扫码看视频6-12

活动由来：

地垫是家庭生活中常见的物品，可以充分利用它进行亲子活动，既能锻炼幼儿身体，又能增进亲子感情。因此，教师设计了本次活动。

活动目标：

1.能听指令做动作，锻炼认物、辨物及反应能力。

2.锻炼幼儿肢体的力量及两脚的配合。

3.在游戏中发展幼儿肢体动作的灵活性和控制性。

4.喜欢亲子游戏，享受亲子活动的乐趣。

活动重点：锻炼幼儿肢体的力量及两脚的配合，发展幼儿肢体动作的灵活性和协调性。

活动难点：能听指令做动作，锻炼认物、辨物及反应能力。

活动准备：地垫、客厅等室内活动场地、纸杯若干。

活动过程：

游戏一：我来说，你来找

游戏玩法：

幼儿与家长一起坐在地垫上。家长向幼儿介绍游戏玩法。家长根据地垫上的图案，说出请幼儿找到哪个图案。幼儿找到后，指认并根据家长指令做出相应动作。如家长说："请你找到狮子。""请你找到河里的鸭子。""请你摸摸长颈鹿的脖子。""请你在飞机上跳3下。"……如果地垫上没有图案，可以请幼儿找家里的东西，比如：请帮我找到上衣、帽子等（图6-13）。

图6-13

游戏二：小脚搭高楼

游戏玩法：

家长和幼儿坐在地垫上。家长手里拿着纸杯，一个一个递给幼儿。幼儿用双脚夹住纸杯，一个一个依次搭高。也可以加大游戏难度，将纸杯分散在地垫上的不同位置，幼儿用手和屁股协调移动身体，用双脚夹住纸杯，将纸杯一个一个地移动到指定位置，搭高纸杯（图6-14）。

图6-14

游戏三：一起出发

游戏玩法：

幼儿躺在垫子上，家长手膝着地。幼儿与家长互相配合，向前行进，两人不能分开。幼儿用侧身翻滚的动作，家长手膝着地，向前爬行。行进过程中，要求两人速度一致，不能触碰彼此的身体。两人也可以改变前进的方向（图6-15）。

图6-15

活动反思：

游戏过程中，家长可以根据幼儿对游戏掌握的情况反复游戏，也可以不断增加游戏的难度。家长要充分利用家里的物品和资源创新更多的游戏玩法，发展幼儿体能。

活动4：健康动起来（视频6-13）

教师：李玉茹

扫码看视频6-13

活动由来：

传染病流行期间，每个人心情都很压抑、紧张。教师设计了这个亲子游戏，希望家长和幼儿通过玩亲子游戏可以转移注意力，缓解紧张的情绪，也可以增进亲子之间的情感交流，让幼儿在游戏中学会沟通，学会合作，强身健体，提高身体的抵抗力。

活动目标：

1.提高幼儿的空间判断能力、快速反应能力和身体的协调能力。

2.增加运动的乐趣，让幼儿爱上运动。

活动重点：增进亲子感情，锻炼身体的协调性。

活动难点：提高对空间的判断能力和快速反应能力。

活动准备：节奏感强的音乐、亲子游戏视频。

活动过程：

（一）开始部分

观看亲子游戏视频，引导幼儿了解游戏的玩法，提升幼儿参与游戏的兴趣。

（二）过程部分

1.幼儿跳，家长双腿开合（图6-16）。

家长坐在垫子上，双腿伸直并打开。幼儿双脚站在家长双腿中间，幼儿双脚分开跳至家长双腿两侧，家长同时双腿并拢。动作交替进行。

2.家长跳，幼儿双腿开合（图6-17）。

幼儿坐在垫子上，双腿伸直并打开。家长双脚站在幼儿双腿中间，家长双脚分开跳至幼儿双腿两侧，幼儿同时双腿并拢。动作交替进行。

3.教师小结：家长和小朋友在游戏中一定要互相配合。小朋友要掌握好双脚跳起和落地的位置与速度，游戏才能顺利进行。

图6-16

图6-17

（三）结束部分

家长可以帮助幼儿录像，看看幼儿最多可以跳几个，并将视频发到班级微信群里，和大家分享。

活动反思：

幼儿和家长对这个亲子游戏比较感兴趣。游戏简单、有趣，能够提高幼儿的空间判断能力、快速反应能力和身体的协调能力。

活动5：水杯接球（视频6-14）

教师：李玉茹

扫码看视频6-14

活动由来：

传染病流行期间，亲子游戏的开展既可以缓解紧张的情绪，也可以增进亲子之间的情感交流，让幼儿在游戏中锻炼反应能力和手眼的协调能力。因此，教师设计了本次活动。

活动目标：

1.锻炼幼儿的专注力、反应能力及手眼的协调能力。

2.增进亲子之间的情感。

活动重点： 增进亲子之间的情感，锻炼手眼的协调能力。

活动难点： 提高空间判断能力和快速反应能力。

活动准备： 小球若干、水杯、亲子游戏视频。

活动过程：

（一）开始部分

观看亲子游戏视频，引导幼儿了解游戏玩法，激发幼儿参与游戏的兴趣。

（二）过程部分

1.幼儿在家里寻找可以滚动的小球和接球的水杯，邀请家长共同游戏。

2.家长在桌子一侧，幼儿在桌子的另一侧。家长随意滚出一个小球，幼儿观察小球滚动的方向，在桌子边缘调整自己水杯的位置，接住小球。交换发球和接球的角色，游戏继续进行（图6-18、图6-19）。

家长可以根据幼儿的能力调整扔球的速度和小球的数量。

3.教师小结：爸爸、妈妈和小朋友玩游戏的过程中，一定要互相配合。小朋友注意观察小球滚动的方向，及时移动水杯，才能准确地接住小球。

（三）结束部分

家长可以帮助幼儿录像，看看幼儿最多可以接住几个小球，并将视频发到班级微信群里，和大家分享。

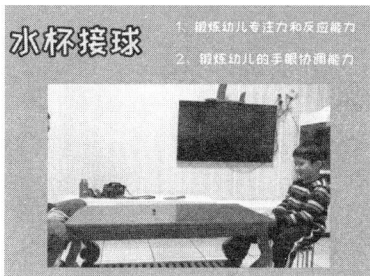

图6-18

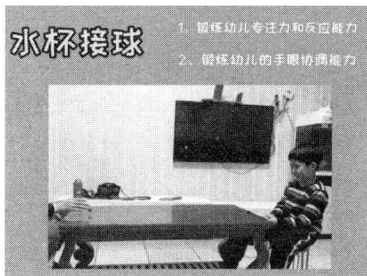

图6-19

活动反思：

幼儿对"水杯接球"的亲子游戏非常感兴趣，很快地投入游戏中。通过游戏，可以锻炼幼儿的专注力、反应能力和手眼的协调能力，增进亲子之间的情感。亲子游戏视频中体现的是基本的滚球、接球速度和数量，教师可以提醒家长根据幼儿能力和水平，适当增加游戏难度。

活动6：垫上运动（视频6-15）

教师：王若然

扫码看视频6-15

活动由来：

孩子虽然已经是大班幼儿了，但是其下肢力量还需要进一步加强。因此，教师设计了本次活动，强化训练幼儿下肢力量。

活动目标：

1.认真观察教师的示范动作，领会示范动作的要领。

2.能够根据教师的示范动作做运动，并能和家长相互配合进行练习。

3.体会亲子共同运动的乐趣，有良好的情绪状态。

活动重点：幼儿能够根据家长的动作进行跳跃、钻爬、翻滚等动作。

活动难点：能够把握好家长做动作时的节奏和距离，不与家长发生碰撞。

活动准备：瑜伽垫、供幼儿触碰的目标物（各种玩具均可）、亲子游戏视频。

活动过程：

（一）开始部分

1.教师为幼儿和家长示范热身活动，提醒幼儿和家长一起活动好身体的每个部位。

2.家长与幼儿共同观看亲子游戏视频，听教师讲解，重点掌握教师的动作要领和游戏玩法。

（二）过程部分

1.翻身越岭（图6-20）。

（1）幼儿从起点出发，家长做俯卧撑动作，幼儿看准时机，在家长身体降至低位时，从家长背上跳过去（注意不能踩到家长）。然后，触碰另一边的目标物。

（2）幼儿触碰到目标物后，家长用双手撑起身体，为幼儿留出空间，让幼儿从家长身体下方爬过。家长要提示幼儿时间有限，只能撑起来5个数的时间，以便帮助幼儿快速地从家长身体下方爬过。

（3）每触碰一次目标物并顺利返回起点为完成一次游戏。规定游戏时长为1~2分钟。在此时间内，幼儿完成的次数越多越好。

2.侧身翻滚（图6-21）。

（1）家长四肢着地，为幼儿撑起一点儿空间，让幼儿在家长的胳膊与腿之间的空隙做侧身翻滚。

（2）家长手脚并用地向前或向后移动，提示幼儿注意家长的动作，不能碰到家长，否则就算失败。

（3）家长可以根据幼儿的实际情况调整自己的速度和前进、后退的时机与频率。

（三）结束部分

家长与幼儿一起放松身体。家长帮助幼儿捏捏胳膊，捶捶小腿，幼儿帮助家长捏捏胳膊、捶捶腿，相互做放松运动。

活动反思：

传染病流行期间，幼儿很少能到户外进行锻炼和游戏，那么幼儿的身体素质和机能就会下降。因此，教师通过本次活动，让幼儿和家长能够在有限的活动空间里，充分地进行四肢力量锻炼和身体协调性锻炼，使幼儿的身体机能有所提升。同时，家长作为幼儿的主要陪伴者，开展一些亲子活动也能更好地促进亲子之间的感情，为良好的亲子交流创造机会。

图6-20

图6-21

活动7：创意擦地游戏（视频6-16）

教师：王若然

扫码看视频6-16

活动由来：

大班幼儿长时间居家，没有去室外充分活动，因此，会有精力过剩的情况发生。随着幼儿自我服务意识的增强，他们偶尔也想帮助家长做些家务。如何让幼儿既能愉快地帮助家长做家务，又能消耗多余的精力，锻炼身体呢？因此，教师设计了本次活动。

活动目标：

1.能够理解游戏规则并按照游戏规则进行游戏。

2.根据游戏进行的程度和情况能够不断地发散思维，大胆创新游戏玩法。

3.感受不一样的体育活动材料带来的快乐，并且愿意帮助家长做一些家务劳动。

活动重点： 能够根据教师的提示用不同数量的抹布进行游戏。

活动难点： 能够用同等数量的抹布创新出多种不同的游戏玩法。

活动准备： 抹布4~5块，较为宽敞的场地。

活动过程：

（一）开始部分

1.教师引导幼儿做热身运动，重点活动上肢、下肢和腰部。

2.教师为幼儿展示本次活动的材料——抹布，引起幼儿兴趣。

教师：我们怎么用抹布玩游戏呢？

（二）过程部分

1.教师首先拿出一块抹布，为幼儿示范一块抹布的游戏玩法（图6-22），并提醒幼儿身体只能接触抹布，不能接触地面。

2.教师示范游戏玩法后，询问幼儿。

教师：一块抹布，除了像老师这样玩，还有什么不一样的玩法呢？请小朋友们想一想、试一试。

幼儿思考并尝试。

3.教师拿出两块抹布，为幼儿示范相同身体部位用两块抹布进行游戏的玩法和不同身体部位进行游戏的玩法，帮助幼儿发散思维，引导幼儿创编不同的游戏玩法。

4.教师依次拿出3块、4块抹布（图6-23），为幼儿示范游戏玩法，并且每种都示范两种游戏玩法。在示范结束后，教师请幼儿思考与教师不同的游戏方法。

活动反思：

本次活动能够很好地将幼儿体能锻炼和做家务相结合，使幼儿在游戏的过程中既打扫了室内地面卫生，也能消耗多余的精力。本次活动比较适合在家里进行，材料简单易得，便于准备。同时，本次活动也比较适合亲子游戏。家长可以利用空余时间，和幼儿共同游戏，以促进亲子之间的感情。

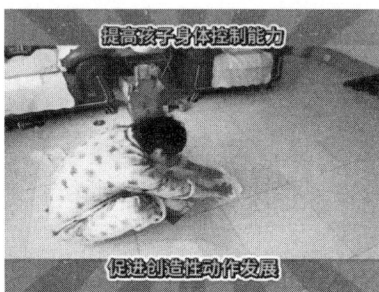

图 6-22

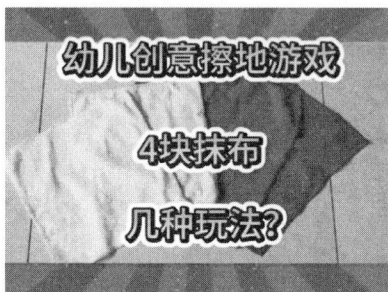

图 6-23

活动 8：纸杯挑战（视频 6-17）

教师：王若然

扫码看视频 6-17

活动由来：

很多幼儿的臂力和身体协调性较差，缺乏相应的锻炼，而臂力又是幼儿体能考核和成长中比较重要的一项。因此，教师设计了本次活动，让幼儿在家也能愉快地进行臂力练习。

活动目标：

1.能够理解动作要领，掌握运动方式。

2.能够在规定的时间内按要求较快速地完成游戏内容。

3.乐于接受竞争和挑战，愿意与家长进行比赛。

活动重点：能够较快地将纸杯从一侧转移到另一侧。

活动难点：能够很好地用单臂支撑整个身体的重量。

活动准备：纸杯20个，高椅子2把，小凳子或饮料瓶。

活动过程：

（一）开始部分

1.教师摆出高椅子和纸杯，并在纸杯的一侧用小凳子摆出分界线，引导幼儿进行观察。

2.教师为幼儿示范热身动作，重点活动手腕、手臂和腰部。请幼儿和家长一起做热身运动。

（二）过程部分

1.教师通过对游戏内容的描述，引起幼儿兴趣，增强幼儿参与游戏的愿望。

2.教师为幼儿讲解动作要领和动作注意事项，并向幼儿展示游戏玩法（图6-24、图6-25）。

3.请幼儿在家长的保护下尝试进行游戏，并逐渐加快游戏的速度。

4.在幼儿熟练掌握游戏玩法后，请家长与幼儿进行比赛，提高幼儿的竞争意识和规则意识，同时也能提升亲子之间的感情。

（三）结束部分

请幼儿和家长一起做放松运动，相互捶捶胳膊、肩膀和腰，一起收拾活动器材，游戏结束。

活动反思：

放假期间，幼儿可能会因为场地的原因减少体能活动，这样不利于幼儿的成长和身体素质的提高。因此，教师应该设计一些适合幼儿居家开展的体能运动。

图6-24 　　　　　　　　　　　　　图6-25

第七篇 预 案 篇

第一章 防治传染病应急预案

第一节 总 则

一、指导思想

全园积极贯彻落实《中华人民共和国传染病防治法》、国务院颁布的《突发公共卫生事件应急条例》，以预防为主，防治结合为原则，做到四早——"早发现、早报告、早诊断、早治疗"，提高应变处理能力，保证幼儿和教职工身体健康和生命安全。

二、工作原则

（一）预防为主，常抓不懈

向全园教职工及幼儿、家长宣传预防传染病的知识，提高教职工、幼儿和家长自我防护意识和幼儿园公共卫生水平，落实防控措施，做好日常监测。一旦发现传染病，立即采取有效的预防措施，迅速切断传播途径，控制传染病的传播和蔓延。

（二）落实责任制

全园各部门认真落实责任制，执行上级有关法律、法规和各项要求，对传染病的预防、报告实行依法管理，对违法行为，追究主管领导责任。

（三）分级控制，快速反应

根据传染病发展情况，将传染病分成3个等级进行预警，实施分级防控。发生不同等级的疫情时，启动相应级别的组织领导体系和工作方案。全园从上至下建立有效的工作机制，保证人力、物力、财力的配备。按照"四早"的要求，一旦出现传染病，快速反应，及时处置。

（四）同步行动

北京市启动应急响应、变更应急等级、结束应急响应时，我园自动进入相应的应急响应、变更应急响应等级、结束应急响应。

第二节　组织管理

一、决策领导机构

在北京市海淀区教委的领导下，成立本园防控领导小组，根据疫情变化及时召开会议，研究并决策幼儿园防控工作的各种问题，组织、检查防控工作落实情况。

二、日常工作机构

我园预防传染病领导小组由园长总负责，下设防控小组、信息报送组、物资保障组，具体负责幼儿园防控传染病工作的落实情况。

三、幼儿园职责

在北京市海淀区教委防控工作领导下，我园成立了由园长负责和保健室全体工作人员组成的防控传染病领导小组。根据我园实际情况，制订工作应急预案，将责任分到各部门、各班级，落实到人，检查并督促各部门防控传染病的各项措施，做好卫生宣传教育。疫情发生时，立即报告上级有关部门和教委，并及时启动相应的应急预案，落实防控工作措施。

第三节　日常工作措施及宣传教育

组织全体教师学习有关传染病防控知识，了解传染病的预防措施、主要症状及发生后就医常识。做到人人思想重视，行动积极，以预防为主，科学对待。

向家长做好传染病防控知识的宣传，以取得家长的配合与支持。

一、搞好环境卫生与消毒工作

做好公共区域卫生工作。教室、办公室、食堂等公共场所，做到每天开窗通风。楼道、大型玩具等公共设施，每天擦拭消毒，搞好环境卫生。保洁员负责清扫、消毒，消灭蟑螂、蚊蝇、老鼠等。各班的生活垃圾每天投放到指定的垃圾箱内，班内不存放垃圾。各班配有水池，及时用肥皂或洗手液洗手。

二、加强保健室管理

保健室工作人员经过培训，按照消毒、隔离的有关要求，切实做好自身防护，防止交叉感染。发现发热患者，及时送往定点医院，并做好发热患者排查工作。

三、建立预防工作制度

1.领导小组：在园长、书记的领导下，负责全园传染病防治的组织与管理，向北京市海淀区教委负责并报告工作。

2.防控小组：指导和检查全园卫生、消毒和隔离工作，落实各项防控措施及疫情报告。

3.信息报送组：负责定时收集幼儿园疫情信息，向领导小组汇报，做到信息传递及时、畅通。

4.物资保障组：保障各种预防、治疗药品和卫生消毒用品的供应和储备。

四、信息报送制度

1.保健室、各班级教师要有每名幼儿家长的联系电话，对幼儿药物过敏、既往疾病史等有记录，了解每名幼儿身体状况。

2.各班班长负责本班日常工作信息和疫情的报告，发现3例发热幼儿立即上报保健室，24小时有行政值班。发现疑似病例由园长向上级部门和教委汇报。

五、幼儿因病缺勤登记和追访制度

1.教师要了解本班幼儿缺勤情况。对当天不来园的幼儿，要打电话进行追踪调查，对因病缺勤者要了解其病因和病情，及时向保健室汇报情况，由保健室进行统计、分析。

2.保健医坚持每天清晨7：30到幼儿园大门口进行晨检，筛查发烧等身体异常的幼儿，做到发烧病儿早发现、早报告、早诊断、早治疗。保健医每天上、下午到各班巡视，了解幼儿身体健康情况。教师密切观察幼儿精神面貌及身体状况，做好幼儿晨、午、晚检工作，发现异常，及时通知保健医。

六、幼儿园管理制度

加强门卫管理，控制外来人员进入。食堂送货人员一律不得进入食堂操作间。凡联系教学业务人员实行入门登记。

七、监督检查制度

1.园内防治领导小组加强对防控工作的检查和监督，坚持自查，保证预案的有效性。

2.加强对班级工作的检查和指导，保证防控措施的落实。

第四节　疫情应急响应

一、三级应急响应

1.北京市启动三级应急响应时，本园自动进入三级应急响应。

2.防控措施：

（1）幼儿和教师每天测体温，对体温超过37.3℃的人员，及时送至定点医院发烧门诊，并登记报告。

（2）教师与缺勤幼儿家长保持联系，了解幼儿缺勤原因及最新状况。

（3）消毒工作。每日按照消毒制度对公共场所进行消毒。对班级、办公区、食堂、地面、墙面、大型玩具及各种设施进行消毒。

（4）实行"零报告"制度，报告时间为每日上午10点，报告内容为前一日8点至当日8点园内情况。

二、二级应急响应

1.北京市启动二级应急响应或本市教育系统出现1例疑似病例时，本园启动二级应急响应。

2.防控措施：

在坚持三级疫情防控措施的基础上，采取以下措施：

（1）实施疫情报告制度，坚持每日一次的信息报告制度。报告时间、内容与三级响应一致。

（2）幼儿园幼儿或教职工出现3例发烧症状者，要立即上报。与患者及密切接触者保持联系。由保健室进行追踪管理。

（3）调整保教工作安排。幼儿园出现一例疑似病例，对疑似病例所在班级暂停集体活动，并向北京市海淀区教委信息组报备。

（4）采取隔离观察措施。对与患者有密切接触的人员采取隔离观察措施，并保持联系。住宿幼儿在教师的安排下，一律在幼儿园内进行医学观察，并安排好幼儿生活。

（5）加强消毒工作。每日2次对教室等公共场所及垃圾箱进行消毒，延长通风时间，每日4个小时。对患者活动过的区域、接触过的物品采取重点消毒。用0.5%过氧乙酸擦拭。

（6）加强体温测查。每日2次测查幼儿及教师体温。对体温≥37.3℃人员，及时送到医院筛查，并登记、报告。对缺勤幼儿及教职工由保健室进行联系，了解其体温情况并登记。

（7）加强幼儿园管理。发现疑似病例，实行封闭式管理。严格控制外来人员进入幼儿园，家长接送幼儿不进班。

（8）加强发热筛查工作。医务室要加强发热筛查工作，发现可疑或疑似症状的病人，立即报告上级部门。

三、一级应急响应

1.北京市启动一级应急响应或本市教育系统出现6例以上病例或出现3个疫点时，本园启动一级应急响应。

2.防控措施：

在坚持二级应急响应时采取的实施疫情报告、进行隔离观察、加强消毒、加强体温监测和发热筛查、加强宣传教育等措施外，增加以下防控措施：

（1）调整教育活动。增加户外活动时间。安排幼儿分散活动。

（2）严格幼儿园管理。禁止外来人员进入幼儿园。停止幼儿园内外的交流活动。

四、结束响应

北京市卫生行政部门宣布结束应急响应，本园自动结束应急响应。

第五节　附　　则

一、预防传染病领导小组

二、教学小组

三、信息上报小组

四、消杀小组

```
┌─────────────────────────────────┐
│   患病班班长发现病情向保健医汇报   │
└─────────────────────────────────┘
              │
┌─────────────────────────────────┐
│ 保健医诊断为疑似病人后向园长汇报   │
└─────────────────────────────────┘
         │              │
┌──────────────────┐  ┌──────────────────┐
│  园长安排、部署工作  │  │ 向总局防疫队、教委学前 │
│                  │  │ 科、所处地段医院报告   │
└──────────────────┘  └──────────────────┘
         │              │
┌──────────────────┐  ┌──────────────────┐
│ 后勤园长协调各部门配合│  │ 保健医指导患病班保育 │
│ 保健医做好卫生消毒。教│  │ 员对全班各类物品进行 │
│ 学园长指导患病班教师安│  │ 终末消毒            │
│ 排好在园幼儿活动     │  │                  │
└──────────────────┘  └──────────────────┘
         │
┌──────────────────┐
│ 患病班班长与患病幼儿家│
│ 长取得联系并配合保健医│
│ 安排幼儿转诊         │
└──────────────────┘
```

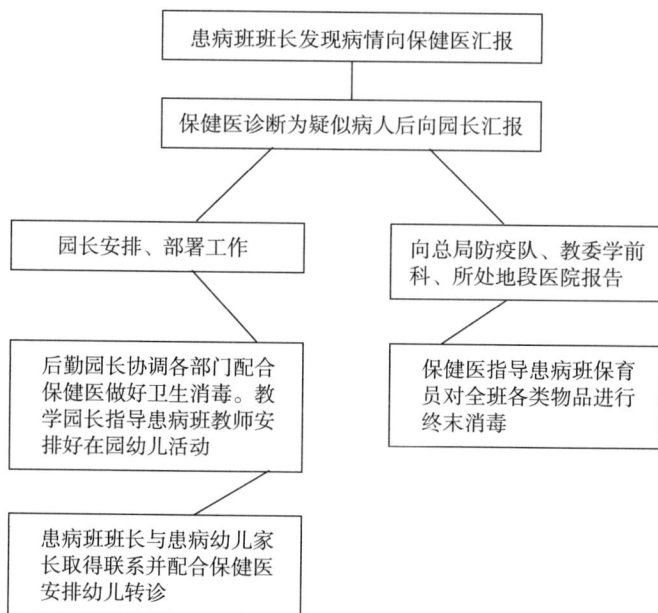

第二章　手足口病应急处置预案

一、指导思想

为了防止手足口病肠道病毒传染病在我园流行，确保我园幼儿的身体健康，现制订手足口病应急处置预案。

二、工作目标

落实北京市儿童保健所、北京市疾病预防控制中心有关预防手足口病的精神和有关要求，确实保障师生员工的健康状况，降低和控制手足口病的发生率。

三、工作原则

根据《中华人民共和国传染病防治法》《突发公共卫生事件应急条例》等法律、法规以及北京市疾病预防控制中心、北京市教育委员会的有关规定，以幼儿园领导和相关部门负责人为主体，成立传染病应急工作小组，务实、高效、科学、有序地预防和控制手足口病的传播。

四、组织体系及职责任务

（一）传染病应急工作小组人员组成

1.组长：园长、书记。

2.副组长：副园长。

3.组员：保健医、年级组长、各班班长。

4.成立以园长为核心领导的园所手足口病应急处理领导小组。小组成员应各司其职、各负其责，共同协调完成手足口病的预防工作。

（二）组员职责

1.组长：全园预防控制工作的第一责任人，负责组织领导、指挥协调。

2.副组长：全园预防控制工作直接责任人，负责建立全园传染病防控制度，检查本园制度落实情况。

3.保健医：全园防控工作执行人，负责全园卫生保健检查、观察防治、信息报送及全园宣教工作；负责全园卫生保健检查、观察防治和幼儿缺勤分析统计工作。

4.各班班长：防控工作班级执行人，负责本班体弱儿及服药患病幼儿的观察、护理和记录，及时检查，尽早发现可疑病例，负责本班环境卫生、开窗通风和消毒工作。

五、应急处置预案

（一）隔离和检疫

1.一旦园内发生手足口病时，要立即隔离病人，将其送往医院隔离治疗。护送人员做好自身防护工作。同时，通知家长并上报给园领导小组和有关部门。

2.在患儿尚未离开园所之前，应随时对其所在班级和污染物进行消毒，以迅速杀灭从机体排出的病原体。有效氯1：200消毒液擦拭，消毒后进行通风、换气。

3.对密切接触者（即患儿所在班级的幼儿）进行检疫，并与其他班级隔离。检疫期间对患儿所在班级应加强晨、午、晚检，早期发现病儿及时隔离。观察期间，不能接收和转出儿童、不搞大型活动。

4.操作环节及上报流程。

（1）晨检：幼儿来园环节，保健医及班级教师密切观察、监测幼儿，测体温，发放健康卡并记录。

（2）午检：各班教师午睡前检查幼儿。

（3）报告：一旦发现幼儿中有手足口病的疑似病人，有关人员应立即报告保健医和园领导，园领导和保健医上报所属地段医院及区疾控中心、区教育局。

（4）消毒：根据消毒隔离制度，做好消毒工作，积极采取有效措施，停止一切集体性活动。

（5）查验：加强宣传，正确认识，做好防范，确保稳定，对痊愈后返园幼儿进行查验。

（二）注意事项

1.幼儿必须经医院临床医生的诊断书确认痊愈后方可进班。14天医学观察期内无新病例出现，方可解除隔离。

2.为防止传染病蔓延，应暂时停止接收和转出幼儿。直至最后一批患儿传染期满，临床症状完全消失，并符合解除隔离的标准，待进行终末消毒后，才能解除隔离。

3.待患儿离园后，对被污染的处所及一切物品进行最后一次彻底的消毒。

4.隔离患儿传染病的症状完全消失，身体痊愈后，持医院康复证明和所在地段保健科复课证明，方可返园。

5.保护易感人群。传染病流行季节，儿童活动室、卧室勤通风、换气，勤晒被褥。

6.加强晨、午检工作，时刻注意幼儿的各种身体异常变化。一旦发现病儿，立即隔离，以减少传染的机会。

7.一旦发现疑似病例立即隔离并上报所处地段医院，所在班级也应进行隔离。通知家长立即带幼儿到定点医院就诊。如果确诊为手足口病，则按照发生手足口病的紧急预案进行处理。如果排除手足口病，则可以来园，所在班级解除隔离。

8.利用多种形式广泛开展健康教育活动，提高工作人员、幼儿及教师的自我保健意识。

9.对从疫区来的幼儿，劝其居家观察、隔离一周。无异常情况，方可来园。

六、具体措施

（一）保健室措施

1.加强晨、午、晚检

通过一摸、二看、三问、四查的方式，细致地观察每个幼儿的情绪与身体状况。重点检查幼儿有无发烧和皮疹。如发现有可疑症状的幼儿，应立即通知家长带病儿到医院确诊。一旦确诊为手足口病，保健医应及时上报。

2.加大宣传

利用板报、橱窗、幼儿园网站向家长进行有关手足口病的宣传教育，培训班级保教人员加强消毒、检疫和观察，提高家长和班级保教人员的防范意识和防范能力。

3.指导消毒、隔离

指导班级保教人员加强班级各种物品的消毒。督促疑似或确诊病儿在家隔离治疗。痊愈后，凭医院证明、经保健医检查，确认无传染性后，方可进班。

4.缺勤记录

每天负责记录各班因病缺勤幼儿名单，如果一周内同一个班发生2例以上（含2例）手足口病确诊病例，应及时上报应急小组组长。根据区疾控中心的要求，关闭相应班级2周。

（二）班级措施

1.开窗通风

班级经常开窗通风，保持室内空气新鲜。

2.加强消毒

每日消毒班级毛巾、水杯、门把手、水龙头、患儿玩具、被褥、厕所等，适当延长消毒时间。

3.正确洗手

师幼餐前、便后都要养成正确洗手的习惯。保育员清扫和消毒时要戴手套，清洗工作（特别是处理幼儿大、小便）后，应立即洗手。

（三）检疫措施

班级一旦确诊有手足口病（特别是肠道病毒EV71感染）病例，全班幼儿必须检疫10天。检疫期间，全班没有发病的幼儿可以正常入园，但本班幼儿不串班，班级不接收和转出幼儿。

1.观察护理

在保健医的指导下，班级教师每天中午注意观察每位幼儿进餐时有无口腔疼痛、午睡前检查有无可疑皮疹，一旦发现有可疑症状的幼儿，应立即通知保健医。

2.缺勤登记

检查班级幼儿出勤情况。有缺勤者，及时联系家长问明原因。如为病假伴发热和腹痛、腹泻等胃肠道症状者，应及时送医院诊治，教师及时关注并了解病情，尽快上报保健医。

（四）食堂措施

1.个人卫生

食品加工人员应当穿戴整洁的工作衣帽，头发不露帽外；操作直接入口食品时应戴口罩；不留长指甲，不涂指甲油，不戴戒指；进行食品操作前，应用肥皂、流动水洗手消毒；实行二次更衣，不穿戴工作衣帽如厕。

2.食品采购

食品采购点应设在证照齐全的正规食品生产经营单位（如菜市场或超

市），并索要相应的卫生许可证、营业执照、送货人员的劳动合同等复印件，确保食品来源的安全、卫生；不采购腐败、变质、霉变及其他不符合卫生标准的食品。

3.食品加工

各种食品原料在使用前必须洗净；肉类、蔬菜类应分池清洗；禽蛋在使用前应对其外壳进行清洗，必要时进行消毒处理；食品加工应生熟分开，按生进熟出流程严格操作；食品烹饪应烧熟、煮透，中心温度达到70℃；带皮水果进班前要清洗和消毒。

4.食品留样

每天烹饪好的食品做好留样，每份留够125克，冰箱冷藏保存48小时，并做好留样记录。

5.餐具消毒

餐具的清洗、消毒、存放必须严格按照一刮、二洗、三冲、四消毒、五保洁的程序操作，防止餐具消毒后的二次污染。每餐餐后及时清洗餐巾和餐具。餐前，高压蒸汽消毒餐巾，远红外高温消毒餐具。

（五）家长配合

1.个人卫生

饭前、便后、外出回家后要用肥皂或洗手液给幼儿流动水洗手，避免接触患病幼儿。看护人接触幼儿前、替幼儿处理粪便后，均要洗手，并妥善处理污物。

2.进餐卫生

不要让幼儿喝生水、吃生冷食物。幼儿餐具使用前、后应充分清洗，有条件的家庭最好高温或用紫外线消毒。

3.环境卫生

手足口病流行期间不宜带幼儿去人群聚集、空气流通差的公共场所，注意保持家庭环境卫生，居室要经常通风，勤晒被褥、衣物等。

4.及时诊治

如果幼儿出现发热、腹痛、腹泻和皮疹等相关疑似症状，应暂缓入园，并及时到医院确诊。轻症患儿不必住院，宜在家隔离治疗、休息，以减少交叉感染。在家治疗的幼儿，不要接触其他幼儿。父母要及时对患儿的衣物进行晾晒或消毒，对患儿粪便及时进行消毒处理。

5.提高免疫力

幼儿适当进行体育锻炼，平衡膳食营养，增强抵抗能力。教育幼儿注意休息的同时，鼓励幼儿多饮温开水、多吃蔬菜和瓜果；膳食注意粗细搭配，保证幼儿摄入足量的、均衡的营养，提高幼儿的免疫力。

第三章　水痘应急处置预案

一、目的

为有效地控制我园水痘传染病的蔓延，杜绝传染源入园，切断传播途径，保护易感幼儿，特制订此应急处置预案，规范操作，保障教职工和幼儿的身体健康，确保幼儿园各项工作正常开展。

二、处理原则

贯彻执行"预防为上、分级控制、依法强制、及时处置、分级管理"的工作原则，强化"班级与个人相结合、分层管理、层层负责"的处置原则，务实、高效、科学、有序地预防和控制水痘传染病的传播与蔓延。

三、组织管理

1.成立本园预防水痘传染病管理小组。

组长：园长、书记。

副组长：副园长。

组员：保健医、年级组长、各班班长。

2.职责分工：园领导小组按照"班级与个人相结合、分层管理、层层负责"的处置原则，负责园内水痘发生现场处置的指挥、协调与管理工作。

四、具体处理方法

1.发生水痘后，管理小组在规定时间内向所处地段医院、区疾控中心报告。

2.保健医第一时间到达现场，隔离病人，组织各环节的隔离、消毒工作（患儿接触到的物品和所在班级的终末消毒工作）。

3.对患儿所在班级幼儿全面观察有无发热、皮疹出现的，时间为21天（从确诊最后一例病例算起）。

4.加强每天入园儿童的晨检及午检工作，一旦发现有水痘疑似病例，及时隔离患儿，并做好疫情报告。

5.加强卫生宣传教育，督促幼儿饭前、便后洗手，正确掌握七步洗手法，提高自我防病意识。

6.加强与缺勤幼儿家长的联系，了解幼儿缺勤原因，以便及时采取预防措施。

7.患儿返园时，应出具医疗机构的证明。

8.幼儿园要保证消毒药品的充足供应。

9.在观察期间加强空气及手部的消毒。

五、操作流程及上报

1.晨检

保健医每天密切观察幼儿有无水痘症状出现。

2.午检

各班教师午睡后检查幼儿有无水痘症状出现。

3.报告

教师一旦发现幼儿中有水痘症状的疑似病人，应立即告知园领导和保健医，保健医上报所处地段医院。

4.消毒

根据消毒、隔离制度，做好消毒工作，积极采取有效措施，停止一切集体性活动。

5.观察

加强宣传，正确认识，做好防范，确保稳定，对痊愈后幼儿必须有医院痊愈证明及保健医认可后方可进班。21天医学观察期内无新病例出现方可解除隔离。

注：水痘为带状疱疹病毒。潜伏期为10~21天，平均14天。传染源为水痘病人，其次为带状疱疹病人。隔离期为全部结痂无新疹，但不少于病后14天。传播途径为空气、飞沫、密切接触。

6.临床表现

发热、头痛、食欲减退和全身不适，皮疹多见于头部及胸部，四肢较少，呈向心性分布。初起为红色斑疹变为丘疹，进而成充满透明液的疱疹、皮疹分批出现，在病人身上同时可见斑疹、丘疹、疱疹和结痂混杂存在，数日痂皮脱落，不留疤痕。

7.控制措施

对1~6岁易感幼儿进行水痘疫苗接种，发现水痘病人及早隔离治疗，也可以回家隔离，室内加强通风、换气，玩具和用具采用消毒药液浸泡或暴晒等方法，不让易感儿与患儿接触。

第四章　甲型H1N1流感防控工作 应急处置预案

我园严格按照国务院常务会议提出的"高度重视、积极应对、联防联控、依法科学处置"的原则，根据北京市海淀区教育委员会有关防范甲型H1N1流感工作的精神，认真做好防范甲型H1N1流感的相关工作，结合幼儿园实际，特制订甲型H1N1流感防控工作应急预案。

一、成立防控工作领导小组

1.应急领导小组

组长：园长、书记。

副组长：副园长。

成员：保健医、年级组长、各班班长。

2.应急处理小组

总负责：后勤园长。

医疗护理人员：保健医。

园内疫情报告人：各班班长。

疫情信息收集与汇总：保健室。

二、工作目标和任务

通过加强幼儿晨、午检，落实消毒、隔离措施，增强幼儿、教师、家长防护知识，采取个人预防、学校预防、家庭预防相结合的办法，沉着、科学、有效地防范和应对甲型H1N1流感疫情，确保幼儿身体健康和生命安全，保证幼儿园正常教育、教学活动的开展。

三、落实防范措施

1.开展形式多样的健康教育活动，确保措施落实到位

充分利用园内的宣传教育阵地，以展板、致家长一封信等形式，广泛深入地进行预防甲型H1N1流感知识的专题宣传和防治动态的相关报道，提高教师、家长对甲型H1N1流感的了解程度，消除不必要的恐慌，同时把握正确的宣传导向。通过组织召开教师宣讲会、专题讲座、发放宣传材料等方式向教师、幼儿、家长宣传防治知识，提高大家的防范意识，取得家长的配合和支持，主动了解防控知识，采取措施，注意家庭防护，发现幼儿出现发热、流感类似症状要及时到正规医院就诊，及时隔离，规范治疗，有效防控疾病的发生和蔓延。

2.坚持晨、午检制度，畅通报告渠道

保健医及各班教师要坚持对幼儿进行每日晨、午检，对出勤幼儿进行询问，晨、午检记录详细、全面。对生病请假在家的幼儿要通过家访或电话询问等方式了解幼儿病情及主要症状，填写《教育系统发热缺勤情况上报表》，每天将幼儿出勤、缺勤情况以电子版方式发送至保健所邮箱或电话上报，没有情况，也要实施"零报告"制度。在晨、午检过程中，一旦发现有发热、流感类似症状的幼儿，立即送到保健室隔离，保健医通知家长带领患儿到医院就诊。一旦怀疑为甲型H1N1流感传染病或疑似传染病病人时，家长第一时间通知园内保健室，再由保健室向总局防疫科及所处地段医院保健科报告。如发现本园教职工有发热和流感类似症状的要及时就诊。由专业医生决定其是否暂停工作，是否离园接受诊治。

3.落实消毒、隔离制度，切断传播途径

将消毒、隔离制度落实到各班级，负责消毒的教师要按规定科学、合理地配置消毒液。对幼儿每日所用的水杯、毛巾等个人用具进行一日一消，玩、教具进行擦拭、暴晒消毒，公共用品定期进行清洗消毒，同时加强各班教室的开窗通风、减少间接接触传播，注意用肥皂流动水洗手，多喝水。教师与幼儿有疑似症状，应立即隔离治疗，对患儿的粪便、呼吸道分泌物及可能受到污染的物品随时进行清洗消毒。患者待隔离期满痊愈后，经医生证明方可返园。同时，对幼儿所在班级与疑似病例接触过的幼儿进行检疫、隔离、观察。检疫期满后，无症状者方可解除隔离。

4.加大园内环境的整治力度，建立物资保障制度

时刻保持幼儿园教学和生活场所空气流通、清洁卫生、温度适宜。加强食堂工作人员的管理，确保健康上岗，严把进货关，采购肉类食品到正规厂家进货，同时索要动物检疫合格证明，认真记录进货台账。加工要严格执行操作规范，加工猪肉时要确保煮熟，中心温度达到70℃以上。根据需要，安排一定的专项经费用于各种防控措施的落实，如体温计、口罩、消毒用品及器械、必要的抗病毒药物等防护用品的储备。

四、工作要求

1.提高认识、高度重视，把甲型H1N1流感防控工作作为本园的头等大事来抓，充分认识加强甲型H1N1流感防控工作的重要性和紧迫性，牢固树立幼儿身体健康和生命安全高于一切的思想。

2.积极加强与上级卫生部门的沟通与合作，严格按照《中华人民共和国传染病防治法》《学校卫生工作条例》和《卫生部、教育部办公厅关于加强学校传染病防治工作的通知》等法律、法规和上级文件要求，认真做好幼儿园甲型H1N1流感的防控工作。

3.切实加强领导，明确分工职责和任务，确保防控措施落实到位。

4.按照上级卫生部门要求建立防控工作领导小组，明确职责和任务，委派专人负责，将防控工作真正落到实处。

第五章 禽流感H7N9防控工作 应急处置预案

为认真做好我园传染病的防治工作，及时、有效地预防、控制禽流感疫情，最大程度地减少疫情，保证幼儿身体健康，做到"依法防控、科学应对；预防为主、协同应对"，特制订本防控工作应急处置预案。

一、成立禽流感 H7N9 防控工作领导小组

组长：园长、书记。

副组长：副园长。

成员：保健医、年级组长、各班班长。

二、禽流感的应急预案工作

（一）指导思想

要充分认识做好禽流感疫情防控工作的重要性、紧迫性和艰巨性，始终把幼儿的身体健康放在第一位，切实加强领导，坚持依靠科学，依法防治，群防群控。要坚定信心，迎难而上，及时处理和解决防治工作中出现的问题，发扬抗击"非典"的精神，沉着应对，有力、有序、有效地做好禽流感疫情的防控工作，坚决阻止疫情的传播和扩散。

（二）加强宣传教育

做好舆论宣传，加大健康教育工作力度，增强广大师幼防病意识和自我防护能力。园内将利用健康教育课、专题讲座、黑板报等形式开展禽流感预防的宣传活动，引导幼儿养成良好的生活习惯，加强锻炼，提高身体的免疫力，消除不必要的紧张情绪。

（三）防范措施

1.落实预防预案

我园成立以园长为组长、副园长为副组长的防控工作领导小组，组织学习、及时制订预防禽流感等主要呼吸道传染病疫情应急预案，明确组织管理机构职责、具体的应急措施及相关责任，切实落实各项卫生防疫措施。

2.学习相关知识

组织教职工学习有关禽流感、流感等主要呼吸道传染病防控知识，提高广大师幼及幼儿家长的自我保护意识。

3.确保信息畅通

明确并落实禽流感、流感等主要呼吸道传染病的信息报告人——保健医，建立各班班长→保健医→幼儿园防控工作领导小组组长→教育局防控工作组联络员逐级上报流程。

4.加强全日观察

保健医严把幼儿入园的第一关——晨检关，"看、摸、问、查"要仔细认真；保育员、班主任教师做好幼儿午睡起床后的检查和全日观察，尤其是发热和有上呼吸道感染症状的幼儿，发现疑似患者主动送保健室。切实落实因病缺勤登记追踪制度和发热排查制度，对每天缺勤的教职工和幼儿做好登记。班级保教人员都要了解其去向，并注明缺勤原因。对因病缺勤人员详细注明病名及症状，做好每日登记，及时反馈给幼儿园防控工作领导小组并逐级汇报。

5.加强防范消毒

依据托幼机构消毒隔离工作常规，加强预防性消毒工作。保持幼儿活动室、卧室空气新鲜，定期开窗通风（对流风）；毛巾一人一用，一天一次浸泡10分钟；餐具一餐一次，浸泡10分钟；玩具一天一消毒；图书暴晒；尤其注意门把手、水龙头的消毒；厕所消毒要戴手套，完成后洗手，并注意做好清洁消毒记录。

6.加强宣传力度

利用短信平台、橱窗、折页或温馨提示等形式，向幼儿、家长、教职工进行预防禽流感等主要呼吸道传染病知识宣传，引导师幼养成良好的卫生习惯和科学的洗手方法。

7.重视卫生检查

在后勤园长的指挥和领导下，园内积极开展环境卫生大扫除，一天一小查，一周一大查，责任到人。同时，保健医加强各环节预防性消毒的指导与检查。

8.保持空气流通

定期开窗通风，保证活动室内空气新鲜，温度适宜。

9.注重一日管理

带领幼儿多进行户外活动，适当锻炼身体，增强身体的抵抗力。鼓励幼儿多饮温开水。为幼儿平衡膳食营养，多提供蔬菜和瓜果，尽量不提供鸡、禽。鸡蛋的蛋壳要洗干净，鸡蛋要加热煮沸，并要做到煮透、蒸熟，中心温度达到65℃以上。膳食做到粗细搭配，保证幼儿摄入足量的均衡营养，增强幼儿的免疫力。

10.加强外来人员登记

严格门卫管理，坚持凭证出入，及时掌握园内各种人员流动情况。

三、应急处置

幼儿园一旦发生禽流感H7N9疫情，马上启动应急预案，做出应急响应。

1.启动"日报告"和"零报告"制度，加强系统内的疫情通报。幼儿园信息报告人立即向区教育局防控工作报告联络组和区疾控中心、妇幼所、社区医院报告。

2.若有疑似疫情等特殊情况发生时，应由班级保教人员报幼儿园防控工作领导小组，并送保健室隔离、检查，或由保健医直接报送防控领导小组组长。幼儿园立即会同卫生疾控部门组织专门人员指导与督促、落实各项防治措施，并做好进入应急状态的准备。

3.防控隔离组第一时间赶赴现场，听从区疾控中心的指挥，对发热和体征异常的幼儿进行医学检查，检查结果为普通发热，及时通知家长送医院就诊，并停课至病愈。检查结果为有禽流感、流感和麻疹等主要呼吸道传染病相关症状的，通知家长送指定医院就诊。根据区疾控中心的指示安排后续工作。

4.在区疾控中心指导下，对有发热和体征异常幼儿到过的场所及用过的物品实施迅速、严密、彻底地终末消毒。发出警示，严禁幼儿园内、外人员随意进出幼儿园。

5.一旦确诊为禽流感、流感和麻疹等主要呼吸道传染病，防控隔离组配合社区疾控中心对与确诊病人的密切接触者实施居家医学观察及随访。

6.收集好有关信息，做好相关处理情况的记录。

7.后勤保障组迅速调配防控物资，包括防护用品、应急预防性药物、抗病毒治疗和对症治疗药品、消杀药品及器械等物资。

8.在疫情加重时，幼儿园不得组织师幼参加各种大型集体活动，不安排教师外出参加教育、教学研究活动，幼儿的社会实践应暂缓进行。每日公布幼儿园疫情防控工作的情况。必要时，可以报请区教育局和卫生防疫部门同意，实施全面或部分停课。

第六章　诺如病毒应急处置预案

根据北京市、海淀区相关文件及会议精神，为了杜绝幼儿园肠道传染病诺如病毒的发生，确保我园幼儿的身体健康，做到发生传染病事件后，各部门按照职责分工迅速介入，快速处置，特制订本应急处置预案。

1.应急领导小组

组长：园长、书记。

副组长：副园长。

成员：保健医、各班班长。

2.领导小组职责

组长：园长、书记负责指挥全盘工作。

副组长：后勤园长协调各部门配合保健医做好卫生与消毒工作；教学园长指导发病班教师安排好在园幼儿活动。

成员：保健医及时安排患病幼儿转诊。患病班教师做好缺勤追访工作。

疫情上报人：保健医。

疫情信息收集与汇总：保健室。

3.诺如病毒的检查与报告

（1）遵循"预防为主、常备不懈"的方针，保健医和教师共同做好每天的晨、午、晚检工作，做到"早预防、早发现、早报告、早诊断、早隔离、早治疗"。

（2）一旦发现诺如病毒感染者，当班教师应及时向园保健医报告。

（3）保健医落实情况后，由保健医向园领导及区教委学前科、所处地段医院、区妇幼保健院等部门报告。内容有儿童姓名、性别、年龄、确诊医院、发病时间、现在恢复情况、防控措施等，并按上级卫生部门的指导意见，采取全方位的防控工作，如班级终末消毒、家长告知、园内隔离等。

（4）教师对班内每天缺勤幼儿进行电话询问并做好缺勤记录。

（5）保健室每天对疫情班进行晨、午检工作，完善信息的收集、分析、报告制度，明确疫情报告的职责、时限和程序。

4.诺如病毒的防控

（1）认真学习、落实北京市海淀区教育委员会《关于加强学校肠道病毒防控工作的紧急通知》，加强幼儿园食堂卫生和用水的卫生管理，严防肠道传染病诺如病毒的发生。

（2）加强领导，提高对诺如病毒防控工作的认识，做好应对可能出现的突发公共卫生事件的各项准备工作。

（3）做好宣传教育工作，利用板报、宣传橱窗、专题讲座、家长通知书等形式进行诺如病毒预防的卫生教育，以增强家长、教职员工应对突发事件的能力。

（4）保健医和教师做好每日晨、午检工作，对幼儿加强管理，如饮水、饮食、大小便、睡眠等。对未到园的幼儿及时查明原因。发现幼儿有异常时，应及时就诊。

（5）加强各班教室的开窗通风、玩教具擦拭消毒、公共用品定期进行清洗消毒，减少间接接触传播，注意提醒幼儿勤洗手、多喝水。

（6）家长尽量不要带幼儿到拥挤的公共场所去。家长外出回家，更换干净的衣服。

（7）做好参与突发事件应急处理（各级各类人员、消毒人员、疫情报告人员、流调人员及医护人员）的专业技术培训。

第七章　寨卡病毒传染病应急处置预案

为了更好地预防寨卡病毒引发的传染病，确保全园幼儿和教职工身体健康和安全，维护幼儿园稳定，做到发生传染病事件后，各部门按照职责分工迅速介入，快速处置，结合我园实际情况，特制订预防寨卡病毒控制措施和应急预案。

一、预防控制措施

1.做好寨卡病毒等传染病防治宣传工作，增强全体教职工和幼儿卫生防疫意识和自我保护能力。

（1）通过多种形式对家长、教职工及幼儿进行预防寨卡病毒的传播途径和发病特征知识的宣传教育。

（2）利用网络、展板等，开展以预防为主的健康知识教育。

2.灭蚊蝇，搞好环境卫生，在卫生防疫部门的指导下做好环境消毒工作。

3.教育幼儿养成良好的个人卫生习惯，不与陌生人接触，生病及时就医。

4.做好灭蚊蝇必需药品等物资储备。

二、应急领导小组

1.小组成员

组长：园长、书记。

副组长：副园长。

成员：保健医、各班班长。

传染病上报人：保健医。

传染病信息收集与汇总：保健室。

2.领导小组职责

（1）组长：园长、书记负责指挥全盘工作。

（2）副组长：后勤园长负责协调各部门，配合保健医，做好卫生消毒工作；教学园长指导发病班教师安排好在园幼儿活动。

（3）成员：保健医及时安排患病幼儿转诊；患病班做好缺勤追访工作。

三、寨卡病毒的检查与报告

1.遵循"预防为主、常备不懈"的方针，保健医和教师共同做好每天的晨、午、晚检工作，做到"早预防、早发现、早报告、早诊断、早隔离、早治疗"。

2.一旦发现寨卡病毒感染者，发病班教师应及时向园保健医报告。

3.保健医落实情况后，由保健医向园领导及区教委学前科、所处地段保健科、海淀区妇幼儿童保健科报告，内容有：儿童姓名、性别、年龄、确诊医院、发病时间、现在恢复情况、防控措施等。听取所处地段保健科的指导意见，进行全方位的防控工作，如班级终末消毒、家长告知、园内隔离等。

4.各班教师每天电话询问班内缺勤幼儿家长，做好缺勤记录。保健医对全园幼儿及教师做好健康监测。

5.保健室每天加强对疫情班晨、午检工作，完善信息的收集、分析、报告制度，明确疫情报告的职责、时限和程序。

四、寨卡病毒的防控

1.认真学习、落实北京市海淀区教育委员会《关于加强寨卡病毒防控工作的紧急通知》，加强幼儿园环境卫生管理，消灭卫生死角，定期喷洒杀虫剂，做好喷洒记录，严防蚊蝇滋生。

2.提高对寨卡病毒防控工作的认识，做好应对可能出现的突发公共卫生事件的各项准备工作。

3.做好宣传教育工作，利用板报、宣传橱窗、专题讲座、家长通知书等形式进行寨卡病毒预防的卫生教育，以增强家长、教师的防范意识。

4.保健医对患病班加强每日晨、午检工作，对幼儿加强管理，对未到园幼儿及时查明原因。发现幼儿有异常时，请家长带领幼儿及时就诊。

5.加强各班教室的开窗通风，定期检查班级植物角，发现有枯死的植物及时清理，每日早上插驱蚊器，晚上下班前拔掉驱蚊器。

第八章　食物中毒事件应急处置预案

为了幼儿发生食物中毒事件后，能及时稳定幼儿园秩序，根据《北京市食品安全突发事件应急预案》（2011年修订简本）、《学校食物中毒事故行政责任追究暂行规定》《关于预防和控制食物中毒发生的预警公告》，结合本园实际情况，特制订本应急处置预案。

一、应急领导小组成员

组长：园长、书记（第一责任人）。
副组长：后勤园长（安全负责人）。
组员：保健医、食堂工作人员。

二、应急措施

1.班级教师、保育员发现饭后本班不止一名幼儿出现发热、腹痛、腹泻、呕吐等可疑食物中毒症状时，应立即报告园长、保健医并通知幼儿家长，同时保护好班级现场。

2.保健医经初步诊断和处理后及时将患儿送往二级以上医院进行排查治疗，确保患儿的生命安全。如事态较严重，及时与急救中心（急救电话120）联系，请求紧急救助。如确诊为食物中毒，园领导第一时间向总局防疫科报告，并报上级卫生行政部门和教育行政部门。

3.立即停止食品加工活动，封存导致或者可能导致食品安全事故的食品及其原料、工具、用具、设备设施和现场，防止事故扩大。如怀疑有人故意投毒，向公安部门报告（报警电话110）并进行立案侦察。

4.配合食品安全监督管理部门进行食品安全事故调查处理，按照要求提供相关资料和样品。

5.及时与幼儿家长联系，积极、认真地做好幼儿家长的安抚工作，确保幼儿园教育、教学活动正常进行。

6.保健医要做好食物中毒事件的专册登记，统计好患病师幼的具体情况，包括班级、人数、发病日期、主要症状、就医情况等，积极、主动配合区卫监所进行调查。

第九章　空气重污染应急处置预案

为应对空气重污染，保护幼儿园幼儿身体健康，依据《北京市空气重污染应急预案》（试行）有关规定，制订本预案。

一、组织管理

成立空气重污染应急领导小组。

组长：园长、书记。

副组长：副园长。

组员：保健医、年级组长、各班班长。

二、职责

负责指挥园内空气重度污染应急工作，接收北京市海淀区教委及空气重污染预警发布与解除指令；负责组织发布与解除预警信息，做好预案制订工作，确保预案的可操作性，并在接到预警指令后组织实施，安排好停课后，努力降低因天气情况对幼儿学习和锻炼的影响，并安排好幼儿在不同应急响应下在园的学习和生活。

三、预警分级

本市空气污染分为四个预警响应级别，由轻到重顺序依次为预警四级（蓝色）、预警三级（黄色）、预警二级（橙色）、预警一级（红色）。预警一级为最高级别。

四、应急措施

（一）预警四级（蓝色）

幼儿园减少户外运动。

（二）预警三级（黄色）

幼儿园避免户外运动。

（三）预警二级（橙色）

幼儿园停止户外运动。

（四）预警一级（红色）

1.幼儿园停课，停止露天体育比赛活动。停课期间，幼儿园应按照"停课不停学"的原则，通过网络、通讯等途径与家长和幼儿保持联系，提出可供参考的合理化学习建议；教师要合理调整教学方式，灵活安排学习内容，指导幼儿家长开展自主学习，提示家长对幼儿进行在家的生活教育和安全教育。幼儿园应根据预警级别减少或停止幼儿户外运动，组织幼儿在室内开展体育活动，并通过布置家庭作业指导幼儿开展体育锻炼。

2.幼儿园应在停课期间利用网站、班级博客、微信等为家长提供幼儿学习指导，做好幼儿看护，保证幼儿在家安全。

3.幼儿园应在预警响应期间确保领导干部、教师24小时通讯畅通，注意了解、掌握有关情况，并及时上报空气重污染应急领导小组办公室。

五、预警发布与解除

空气重污染应急领导小组办公室接到北京市海淀区教育委员会空气重污染应急专项指挥部解除指令后，报小组组长、副组长，并按照领导小组要求，通过官方网站、信息平台、电话等方式向全园发布解除预警信息，幼儿园恢复正常教育、教学秩序。